초등학생을 위한 맨 처음
# 어휘 맞춤법 띄어쓰기

초등학생을 ∨ 위한 ∨ 맨 ∨ 처음

# 어휘 맞춤법 띄어쓰기

김영주 지음 | 김소희 그림

휴먼 어린이

# 나만의 책 제목을 지어 보세요.

[예] 《보물상자》, 《낱말 이야기》, 《몽실몽실》, 《꼬물꼬물 하나씩!》, 《아니》, 《이런 뜻이!》

**책 제목**

**시작한 날**  　　　　　년　　　　월　　　　일

**이름**

## 우리말의 힘 낱말에서 나와요!

우리말은 우리 겨레가 적어도 오천 년 넘게 써 온 말입니다. 할아버지 할머니, 그 위에 할아버지 할머니들이 쓴 말이 입에서 입으로 내려온 것입니다. 우리가 쓰는 말은 나만의 말이 아니라 우리 겨레가 써 온 말이니 자랑스럽게 여길 만합니다. 하지만 마치 공기가 늘 있으니 공기가 얼마나 값진지 모르는 것처럼 우리말의 소중함을 잊기 쉽습니다. 말이 없다면 밥을 먹을 수도 이야기를 나눌 수도 없습니다. 그래서 우리말을 잘 살려 써야 한다고 생각합니다.

말을 하는 까닭은 내 안의 뜻을 남에게 알리기 위한 것입니다. 엄마에게 배고플 때 밥 차려 달라고 한다든지, 놀고 싶을 때 친구에게 놀자고 말한다든지, 힘들 때 난 이런 이유 때문에 할 수 없다고 말한다든지, 내가 하고 싶은 뜻을 말에 담아서 남에게 하게 됩니다. 말이 없이는 다른 사람과 함께 살아갈 수도, 새로운 것을 배울 수도, 좋은 세상을 만들어 갈 수도 없습니다.

말에는 세 가지가 있습니다. 내 뜻을 입으로 내는 소리에 담으면 입말이 됩니다. 내 뜻을 글자에 담으면 글말이 됩니다. 내 뜻을 전자 기계에 담으면 전자말이 됩니다. 전자말은 요즘 새로 나온 것으로 똑똑전화(스마트폰)나 누리망(인터넷)에 가장 잘 드러납니다. 하고 싶은 말이나 뜻을 입말이나 글말과 다르게 금방 널리 알릴 수 있습니다.

입말로는 가까이 있는 사람하고만 이야기를 나눌 수 있습니다. 하지만 말하고 나면 금방 사라집니다. 금방 뜻이 사라지는 것을 이겨 내기 위해 글자가 생겼습니다. 글자로 써서 뜻을 말하면 입말처럼 금방 사라지지 않고 오래 볼 수 있습니다. 글자로 쓴 책은 오래 남아서 여러 사람이 읽을 수 있습니다.

하지만 책으로 된 글말은 혼자 읽기만 하기 때문에 그 자리에서 이야기하기는 어렵습니다. 전자말은 글말을 쓰면서 입말처럼 바로 이야기할 수 있는 좋은 점을 가지고 있습니다. 전자말의 안 좋은 점은 기계를 통해 쓰기 때문에 잘못 쓰면 몸에 해를 끼친다는 것입니다. 말은 잘 부려 쓰면 좋지만 제대로 부려 쓰지 못하면 사람에게 해를 끼치기도 하니 우리말을 잘 배워서 제대로 써야 하겠습니다.

이 책은 입말을 배우고 나서 글자를 배운 학생들을 위해서 만들었습니다. 기본 홀소리와 닿소리를 배운 다음에는 낱말을 배워 나가야 합니다. 낱말은 뜻을 담은 가장 작은 마디입니다. 낱말은 겪은 이야기를 하거나 책을 읽으면서 늘어 갑니다. 이것은 입말의 규칙처럼 이미 부모님에게 자연스럽게 배우거나 문법처럼 한두 번 익혀서 가능한 것이 아닙니다. 사는 동안 꾸준히 배워야 낱말이 늘어납니다. 낱말을 쓰는 힘이 곧 어휘력이며 우리말을 잘 쓸 줄 아는 힘의 바탕입니다. 글자를 배우고 나서 초기 단계에 낱말을 불려 가는 길을 여는 데 이 책을 내는 목적이 있습니다.

2017년 7월
김영주

# 책의 활용법

마디 하나 **어휘력 늘리기**

**공부하는 때**
1학년에서 한 학기 정도 낱자를 배우고 난 뒤 낱말 불려 나가기를 2학년까지 꾸준히 해 줍니다.

**공부하는 순서**

**1** 우리말은 붙어서 늘어나는 말입니다. **손**을 배우면서 **손금, 손톱, 손목, 손바닥, 손마디, 손가락** 등을 함께 배웁니다. 예로 든 것을 보며 다른 낱말을 찾아봅니다.

**2** 낱말을 표현한 그림에 알맞은 제목을 붙여 봅니다. 예쁘게 색칠도 해 봅니다.

**3** 낱말을 붙여서 늘리고 난 다음에는 한 음절 낱말이 들어간 기본 문장을 만들어 봅니다. **손이 아프다, 손톱이 빨갛다, 손가락이 부었다** 등의 예를 보고 나서 자기가 문장을 만들어 봅니다.

**4** 기본 낱말을 바르게 따라서 써 보고 낱말을 이용해서 할 수 있는 다양한 활동도 해 봅니다.

**5** 다음은 한 음절 낱말을 떠올리며 자기가 겪은 이야기를 해 봅니다.

**6** 겪은 이야기를 하고 나서 글로 씁니다. 받침은 좀 틀려도 괜찮습니다. 모르는 글자는 선생님과 부모님께 물어봅니다. 내가 겪은 이야기, 하고 싶은 뜻을 쓰는 것이 중요합니다. 글말은 자기 뜻을 담기 위해 생긴 것이니 내 뜻을 담았느냐가 중요합니다. 남이 겪은 것, 남이 하고 싶은 말, 남의 이야기가 아니라 내 이야기여야 합니다. 이야기를 글말에 담는 이 단계가 가장 중요합니다.

**알아두기**

낱말 불리기에서 중요한 것은 내 이야기를 글자에 담는 것이며,
낱말이 불어나는 것을 아는 것입니다.
낱말은 자기 이야기를 하고, 남의 이야기를 읽으며 점점 늘어납니다.
낱말을 넉넉하게 사용할 줄 아는 힘은 노력을 통해서 이루어집니다.

## 마디 둘 문법 익히기

**공부하는 때**  1, 2학년에서 낱말 불리기를 하는 동안
꼭 알아야 할 글의 규칙을 섞어서 함께 공부합니다.

**공부하는 순서**

**1**  우리말을 하는 아이들은 이미 말법을 알고 있습니다. 말법을 보고 만든 것이 글법(문법)입니다. 그래서 문법은 최소한의 필요한 것만 잘 가려서 배워야 도움이 됩니다.

**2**  문법은 한 음절 낱말을 배워 나가며 조금씩 섞어서 배우면 좋습니다. 꼭 필요한 아래의 다섯 가지 문법 원리를 하나씩 배워 봅니다.
- 도움말은 앞 낱말에 붙여 써요.
- 낱말과 낱말은 띄어 써요.
- 받침이 ㅇ를 만나면 이사 가요.
- 글만의 약속이 있어요.
- 같은 뿌리에서 다른 가지를 뻗어요.

**3**  문법의 원리를 배운 뒤에는 자기 힘으로 익힐 수 있도록 연습 문제를 풀어 봅니다. 책의 맨 뒤에 있는 '더 풀어 보기'로 충분히 연습할 수 있습니다.

**4**  문법은 다 배우고 나서도 한 음절 낱말 이야기 쓰기를 할 때 여러 번 되풀이해서 배워야 합니다. 꼭 필요한 규칙은 되풀이해서 공부해야 익힐 수 있습니다.

# 차례

초대하는 글　6
책의 활용법　8

## 1 이름씨로 어휘력 늘리기

**이름씨 1~12**　14
- 도움말은 앞 낱말에 붙여 써요!　50

**이름씨 13~24**　52
- 낱말과 낱말은 띄어 써요!　88

# 2 움직씨로 어휘력 늘리기

움직씨 1~10    96
- 받침이 ㅇ을 만나면 이사 가요!    126

움직씨 11~20    130
- 글만의 약속이 있어요!    160

# 3 그림씨로 어휘력 늘리기

그림씨 1~8    164
- 같은 뿌리에서 다른 가지를 뻗어요!    188

더 풀어 보기    194
풀이글    218

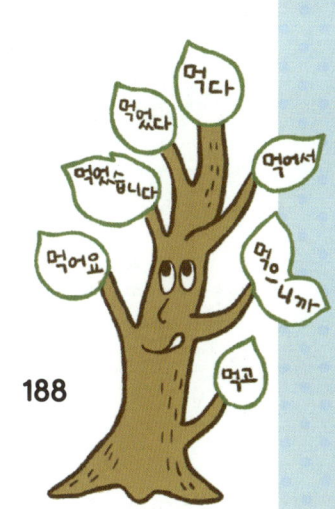

# 1 이름씨로 어휘력 늘리기

# 1 손

'손'이 들어간 낱말을 떠오르는 대로 말해 보고 써 보세요.

✏️ 공부한 날
　월　　일　　요일

'손'을 나타낸 말을 찾아 써 보세요.

| 손가락 | 손금 | 손짓 | 손놀림 |
| 오른손 | 손마디 | 손자국 |

'손'을 넣어서 아래 그림을 이야기해 보고 그림 제목도 붙여 보세요.

제목 :

'손'을 나타내는 말을 넣어 낱말을 이어 보세요.

| 손이 길다 | 손이 |
| 손이 넓적하다 | 손 |
| 손으로 잡다 | |
| 손을 잡다 | |
| 손을 쥐다 | |
| 손을 움직이다 | |

다음 낱말을 세 번씩 쓰고 한 낱말을 정해서 끝말잇기를 해 보세요.

손가락
손바닥
오른손
왼손
손짓

'손'을 나타내는 말을 넣어 이야기를 써 보세요.

예 난 손이 길다.
　 손을 다쳐서 글씨를 못 쓴다.

 듣고 본 것 말고 내가 몸으로 직접 겪은 이야기를 해 보세요.

### 친구가 쓴 글

피아노를 많이 쳤더니 손이 아파졌다.
그래서 손이 빨개졌다.
피아노 연습을 못했다.　　　　　　　　　– 1학년 이수정

# 2 발

낱말을 소리 내어 읽어 보세요.

✏️ 공부한 날
　월　일　요일

'발'을 나타낸 말을 찾아 써 보세요.

| 발가락 | 발짓 | 발놀림 |
| 오른발 | 발자국 | 발목 |
|  |  |  |  |

'발'을 넣어서 아래 그림을 이야기해 보고 그림 제목도 붙여 보세요.

제목 :

칠하고 싶으면 빈 부분에 색칠해도 좋아요.

'발'을 나타내는 말을 넣어 낱말을 이어 보세요.

| 발이 | 크다 | 발이 |
| 발이 | 아프다 | 발 |
| 발이 | 더럽다 | |
| 발을 | 잡다 | |
| 발로 | 공을 찼다 | |
| 발을 | 움직이다 | |

다음 낱말을 세 번씩 쓰고 한 낱말을 정해서 끝말잇기를 해 보세요.

- 발가락
- 발바닥
- 오른발
- 왼발
- 발짓

'발'을 나타내는 말을 넣어 이야기를 써 보세요.

예 난 발이 크다.
점심시간에 공을 차서 발목이 아프다.

 친구가 쓴 글

낮에 축구 하면 발목과 발이 아프다.
그 다음 날이 되면 안 아프고
또 축구하면 또 아프다.            - 1학년 정하연

✏️ 공부한 날

　월　　일　　요일

 '눈'을 나타낸 말을 찾아 써 보세요.

| 눈동자 | 눈알 | 눈망울 |
|--------|------|--------|
| 실눈 | 게눈 | 눈치 |
|  |  |  |  |

'눈'을 넣어서 아래 그림을 이야기해 보고 그림 제목도 붙여 보세요.

제목 :

'눈'을 나타내는 말을 넣어 낱말을 이어 보세요.

 눈이~, 눈을~ 로 써도 되고 눈과~, 눈처럼~, 눈은~, 눈에서~ 등으로 써도 돼요.

| 눈이 | 크다 | | |
| 눈이 | 아프다 | 눈이 | |
| 눈이 | 가렵다 | | |
| 눈을 | 째려보다 | 눈을 | |
| 눈을 | 크게 뜨다 | | |
| 눈을 | 움직이다 | | |

다음 낱말을 세 번씩 쓰고 한 낱말을 정해서 끝말잇기를 해 보세요.

| 눈동자 | | | |
| 눈물 | | | |
| 눈짓 | | | |
| 눈썹 | | | |
| 눈치 | | | |

'눈'을 나타내는 말을 넣어 이야기를 써 보세요.

예 난 눈이 크다.
눈이 나빠서 안과에 갔다.

난 일곱 살에 눈병이 걸렸다.
눈이 간지러웠다.
눈이 빨갰다.
꼭 드라큘라 같다.

— 1학년 주시원

# 몸

4

✏️ 공부한 날
　월　일　요일

👧 '몸'을 나타낸 말을 찾아 써 보세요.

| 허리 | 머리 | 배 | 어깨 | 무릎 |
|---|---|---|---|---|
| 등 | 종아리 | 장딴지 | 정강이 | |

 '몸'을 넣어서 아래 그림을 이야기해 보고 그림 제목도 붙여 보세요.

제목 :

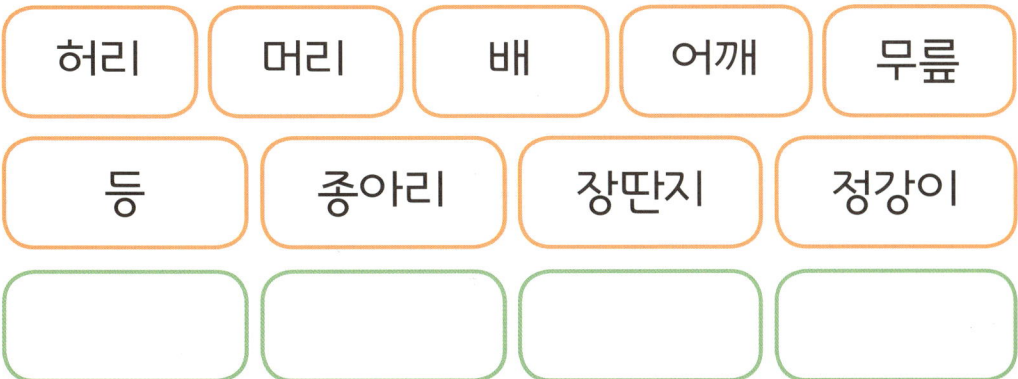

귀여운 아기는 뭘 하고 있나요?

'몸'을 나타내는 말을 넣어 낱말을 이어 보세요.

| 허리가 | 가늘다 | 몸을 | |
| 목이 | 길다 | 거울 | |
| 무릎이 | 아프다 | 머리를 | |
| 배가 | 부르다 | | |
| 종아리가 | 길다 | | |
| 어깨를 | 치다 | | |

다음 낱말을 세 번씩 쓰고 한 낱말을 정해서 끝말잇기를 해 보세요.

연필로 쓰고 틀리면 지우개로 지우 다시 써요.

| 코 | | | |
| 어깨 | | | |
| 무릎 | | | |
| 허리 | | | |
| 종아리 | | | |

'몸'을 나타내는 말을 넣어 이야기를 써 보세요.

예 **줄넘기를 했더니 종아리가 딱딱하다.**

머리를 벽에 박았더니 머리가 띵하다.
눈이 툭 튀어나왔다.
입이 제멋대로 움직인다.   – 1학년 이정솔빈

# 5 밥

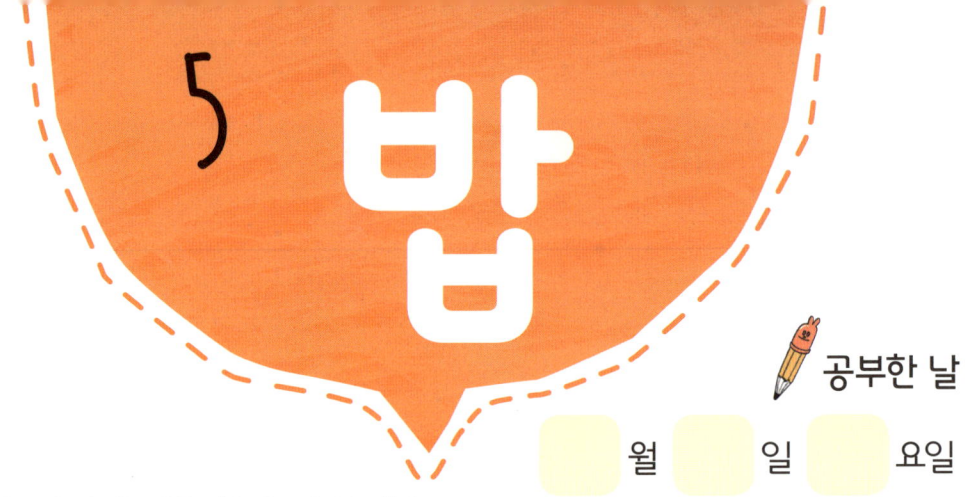

✏ 공부한 날
　월　일　요일

 '밥'을 나타낸 말을 찾아 써 보세요.

| 밥통 | 밥그릇 |
| 김밥 | 밥맛 | | |
| | | | |

'밥'을 넣어서 아래 그림을 이야기해 보고 그림 제목도 붙여 보세요.

제목 :

'밥'을 나타내는 말을 넣어 낱말을 이어 보세요.

| 밥을 | 먹다 | | 밥을 |
|---|---|---|---|
| 밥을 | 비비다 | | |
| 밥을 | 짓다 | | |
| 밥이 | 많다 | | 밥이 |
| 밥이 | 타다 | | |
| 밥상을 | 차리다 | | |

다음 낱말을 세 번씩 쓰고 한 낱말을 정해서 끝말잇기를 해 보세요.

| 밥통 | | | |
|---|---|---|---|
| 밥그릇 | | | |
| 밥주걱 | | | |
| 볶음밥 | | | |
| 주먹밥 | | | |

'밥'을 나타내는 말을 넣어 이야기를 써 보세요.

예 학원 갔다 와서 밥을 먹었더니 배가 부르다.
엄마는 밥을 태웠다.

 친구가 쓴 글

엄마는 학교를 다녀서 아빠가 맨날 저녁밥을 한다.
아빠는 맨날 된장국을 끓이고 밥을 한다.
아빠는 된장국에 별거를 다 넣는다.   - 1학년 주시원

6 국

✏️ 공부한 날
　월　　일　　요일

 '국'을 나타낸 말을 찾아 써 보세요.

| 국물 | 국밥 | 국그릇 | 된장국 |
|---|---|---|---|
|  |  |  |  |

'국'을 넣어서 아래 그림을 이야기해 보고 그림 제목도 붙여 보세요.

제목 :

친구가 무슨 생각을 했을까요? 말풍선에 넣어 보세요.

'국'을 나타내는 말을 넣어 낱말을 이어 보세요.

| 국이 짜다 | | |
| 국이 맵다 | 국이 | |
| 국이 뜨겁다 | | |
| 국을 국자로 푸다 | | |
| 국을 끓이다 | 국 | |
| 국과 밥을 먹다 | | |

다음 낱말을 세 번씩 쓰고 한 낱말을 정해서 끝말잇기를 해 보세요.

| 국그릇 | | | |
| 된장국 | | | |
| 미역국 | | | |
| 국물 | | | |
| 국자 | | | |

글자는 많이 쓰기보다 반듯하게, 뚜렷하게 써야 해요.

'국'을 나타내는 말을 넣어 이야기를 써 보세요.

예 점심에 먹은 국이 짰다. 그래서 물을 많이 먹었다.

### 친구가 쓴 글

나는 미역국을 싫어한다.
그런데 내가 옛날 다니던 다니엘 어린이집에서는
맨날 미역국이 많이 나왔다.          - 1학년 송아영

### 친구가 쓴 글

어제 내가 국이랑 밥이랑 같이 말아 먹으려고
밥을 국에 팍 엎었는데 국이 튀었다.
그래서 데일 뻔했다.                - 1학년 송윤아

# 7 맛

✏️ 공부한 날

　월　일　요일

 '맛'을 나타낸 말을 찾아 써 보세요.

| 짜다 | 맵다 | 시다 |
|---|---|---|
| 얼큰하다 | 매콤하다 | 싱겁다 |

 '맛'을 넣어서 아래 그림을 이야기해 보고 그림 제목도 붙여 보세요.

제목 :

'맛'을 나타내는 말을 넣어 낱말을 이어 보세요.

| 맛이 짜다 | 맛을 |
| 맛이 싱겁다 | 맛 |
| 맛이 매콤하다 | |
| 맛을 보다 | |
| 맛을 내다 | |
| 맛이 상했다 | |

다음 낱말을 세 번씩 쓰고 한 낱말을 정해서 끝말잇기를 해 보세요.

| 짜다 | | | |
| 맵다 | | | |
| 달다 | | | |
| 맛있다 | | | |
| 맛없다 | | | |

'맛'을 나타내는 말을 넣어 이야기를 써 보세요.

예 국이 싱거워서 소금을 넣었다.
　　날씨가 더워지니까 입맛이 없다.

 친구가 쓴 글

나는 어제 머리가 조금 아팠다.
학교에서 급식을 먹을 때
입맛이 없어서 남겼다.　　　　　　– 1학년 김규리

# 8 물

🖊 공부한 날

　월　　일　　요일

 '물'을 나타낸 말을 찾아 써 보세요.

| 물통 | 국물 | 밥물 | 얼음물 |
| 물만두 | 물약 | | 물오징어 |
| | | | |

 '물'을 넣어서 아래 그림을 이야기해 보고 그림 제목도 붙여 보세요.

제목 :

'물'을 나타내는 말을 넣어 낱말을 이어 보세요.

| 물이 | 시원하다 | 물은 | |
| 물에 | 젖었다 | | |
| 물을 | 마시다 | | |
| 물에 | 밥을 말다 | 물이 | |
| 물이 | 샌다 | | |
| 물이 | 흐른다 | | |

다음 낱말을 세 번씩 쓰고 한 낱말을 정해서 끝말잇기를 해 보세요.

| 국물 | | | |
| 물통 | | | |
| 얼음물 | | | |
| 물수건 | | | |
| 물고기 | | | |

'물'을 나타내는 말을 넣어 이야기를 써 보세요.

예 여름에는 얼음물이 으뜸이다.
물통에 물이 떨어졌다.

 친구가 쓴 글

겨울에 차 타고 강에 갔는데 물이 꽁꽁 얼어서 붙었다.
내가 한번 만져 보니까 얼음이 깨졌다.
그래서 손이 차가웠다.
근데 계속 차가우니까 손이 얼어붙은 것 같다.

— 1학년 김태헌

이처럼 몸으로 직접 겪은 것을 써야 속이 시원해요.

# 9 방

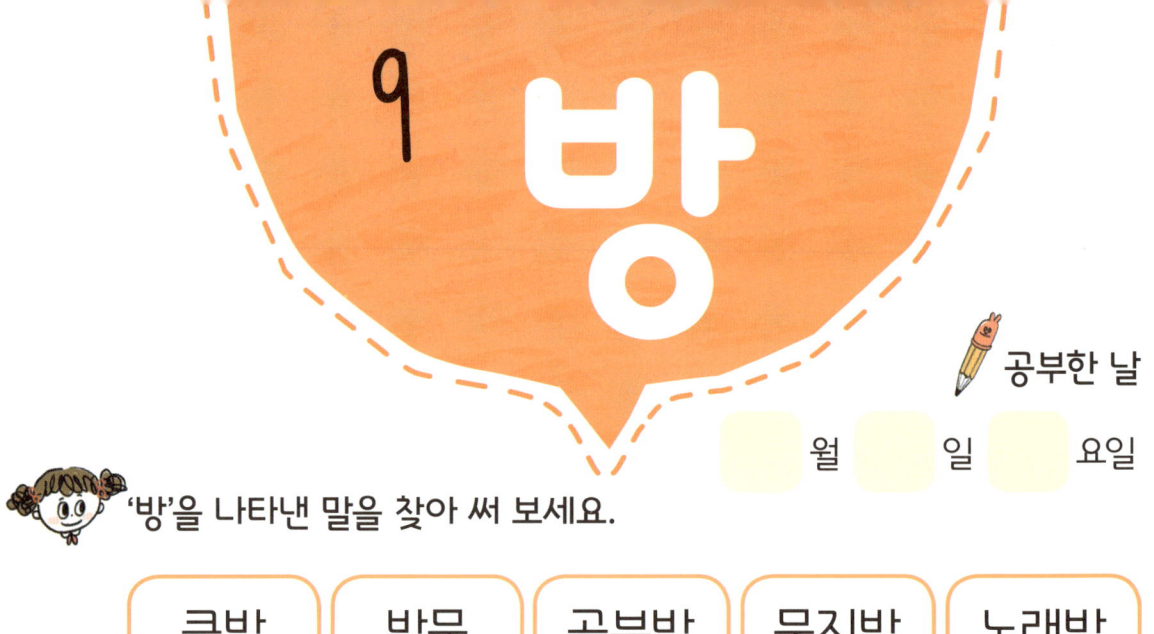

🖊 공부한 날
　월　　일　　요일

'방'을 나타낸 말을 찾아 써 보세요.

| 큰방 | 방문 | 공부방 | 문지방 | 노래방 |

'방'을 넣어서 아래 그림을 이야기해 보고 그림 제목도 붙여 보세요.

제목 :

아이들은 뭐라고 말했을까요? 말풍선에 써 보세요.

'방'을 나타내는 말을 넣어 낱말을 이어 보세요.

| 방이 넓다 | 방으로 |
| 방이 좁다 | |
| 방이 가장 좋다 | 방 |
| 방에서 놀다 | |
| 방에서 뛰다가 혼나다 | |
| 방에서 공부한다 | 방에 |

다음 낱말을 세 번씩 쓰고 한 낱말을 정해서 끝말잇기를 해 보세요.

| 방바닥 | | | |
| 공부방 | | | |
| 노래방 | | | |
| 안방 | | | |
| 방문 | | | |

'방'을 나타내는 말을 넣어 이야기를 써 보세요.

예 내 방에는 장난감이 많다.
　　누나 방에는 책이 많다.

---

 친구가 쓴 글

내가 안방에서 줄을 묶고,
공부방에서도 줄을 묶고,
아빠 방에서도 줄을 묶고
인제 거미줄 같이 돼서 거미놀이를 하는데
엄마가 줄을 풀었다.
속상했다.
　　　　　　　　　　　　　－ 1학년 정윤환

 속상한 일 나도 많은데! 나의 속상한 일도 말해 보고 써 보세요.

# 10 문

🖉 공부한 날
　월　　일　　요일

 '문'을 나타낸 말을 찾아 써 보세요.

| 대문 | 문틈 | 문고리 | 창문 | 남대문 |

| | | | |

'문'을 넣어서 아래 그림을 이야기해 보고 그림 제목도 붙여 보세요.

제목 :

문을 찾아서 색칠해 보세요.

'문'을 나타내는 말을 넣어 낱말을 이어 보세요.

| 문이 | 크다 | 문에 |  |
| 문이 | 열리다 | 문 |  |
| 문이 | 망가지다 |  |  |
| 문을 | 닫다 |  |  |
| 문을 | 열고 들어가다 |  |  |
| 문을 | 두드리다 |  |  |

다음 낱말을 세 번씩 쓰고 한 낱말을 정해서 끝말잇기를 해 보세요.

- 문고리
- 문단속
- 남대문
- 창문
- 문틈

 '문'을 나타내는 말을 넣어 이야기를 써 보세요.

예) 열쇠를 잃어버려서 문을 열지 못했다. 엄마가 와서 겨우 열었다.

나는 아빠 몰래 내 방문 밑에서
오토바이 게임을 하고 있었는데
아빠 발자국 소리에 깜짝 놀라서
벽에 머리를 찧고 껐더니 아빠가 들어왔다.
아슬아슬했다.                    - 1학년 곽동환

# 11 벽

✏️ 공부한 날
　월　　일　　요일

 '벽'을 나타낸 말을 찾아 써 보세요.

| 벽장 | 벽지 | 벽시계 |
| --- | --- | --- |
| 벽화 | 벽돌 | 벽난로 |
|  |  |  |  |

'벽'을 넣어서 아래 그림을 이야기해 보고 그림 제목도 붙여 보세요.

제목 :

'벽'을 나타내는 말을 넣어 낱말을 이어 보세요.

| 벽이 | 높다 | | |
|---|---|---|---|
| 벽에 | 부딪치다 | | |
| 벽을 | 허물다 | 벽을 | |
| 벽에 | 못을 박다 | 벽 | |
| 벽에 | 시계를 걸다 | | |
| 벽에 | 종이를 붙이다 | | |

다음 낱말을 세 번씩 쓰고 한 낱말을 정해서 끝말잇기를 해 보세요.

| 벽돌 | | | |
|---|---|---|---|
| 벽장 | | | |
| 벽시계 | | | |
| 벽걸이 | | | |
| 벽돌집 | | | |

'벽'을 나타내는 말을 넣어 이야기를 써 보세요.

예) 벽에 부딪쳐서 머리에 혹이 났다. 너무 아팠다.

선생님, 부모님, 동생, 형, 누나, 언니, 혹은 나에게 이야기를 들려준 뒤 쓰는 게 좋아요.

 친구가 쓴 글

다락방에서 놀다가 벽에 머리를 자꾸 박았다.
너무 아팠다.
이불을 덮어 놓았는데 거기로 떨어질 뻔했다.
넘어졌는데 천장이 움직이는 것 같았다.

— 1학년 박정연

# 12 집

✏️ 공부한 날
　월　일　요일

 '집'을 나타낸 말을 찾아 써 보세요.

| 개집 | 안경집 | 꽃집 | 집안일 | 집오리 |

☐　☐　☐　☐

 '집'을 넣어서 아래 그림을 이야기해 보고 그림 제목도 붙여 보세요.

제목 :

'집'을 나타내는 말을 넣어 낱말을 이어 보세요.

| 집이 | 멋있다 | 집에 |
| 집이 | 크다 | |
| 집이 | 넓다 | |
| 집을 | 짓다 | |
| 집에서 | 놀다 | 집 |
| 집을 | 찾다 | |

다음 낱말을 세 번씩 쓰고 한 낱말을 정해서 끝말잇기를 해 보세요.

- 개집
- 집안
- 빵집
- 까치집
- 안경집

 '집'을 나타내는 말을 넣어 이야기를 써 보세요.

예) 새로 이사 온 집이 좋다. 왜냐하면 내 방이 새로 생겼기 때문이다.

### 친구가 쓴 글

나는 우리나라에서 태어난 것이 행운이라는 생각을 했다. 왜냐하면 우리나라는 지진이 아주 가끔씩 띄엄띄엄 일어나서 집이 무너지는 경우도 아주 가끔이라 그렇다.

— 1학년 이태윤

# 도움말은 앞 낱말에 붙여 써요!

이름을 나타내는 말, 움직임을 나타내는 말, 그리기를 나타내는 말들을 낱말이라고 합니다. 낱말에는 뜻이 있습니다. 빨갛고 달콤새콤한 과일을 무엇이라고 말할까요? 사과라고 말합니다. 이것을 영어를 쓰는 사람들은 애플이라고 말하지요. 애플이든 사과든 모두 빨갛고 달콤새콤한 그 과일을 말합니다. 뜻이 다르면 낱말도 다른 이름을 갖겠지요.

이처럼 낱말에는 한 가지 넘는 뜻이 있습니다. 한 가지 넘는 뜻을 가진 낱말들이 모여서 더 큰 뜻을 전달합니다. 그렇다면 사과, 먹다라는 두 낱말로 뜻을 전달하려면 어떻게 해야 할까요. 사과 먹다 이렇게 쓰면 제대로 알아듣기 힘들지요. 그래서 도움을 주는 말이 생겼어요. 사과를 먹다에서 를이 도움말이에요. 낱말과 낱말을 이어서 말할 때 필요합니다. 이런 도움말은 어떻게 써야 할까 생각을 하다 앞 낱말에 붙여 쓰기로 했답니다. 실제 말할 때도 앞 낱말에 붙여서 말합니다. 사과 가맛있다 그러면 뜻이 헷갈리지요. 이처럼 낱말과 낱말 사이에 있는 도움말은 뒷 낱말에 붙이지 않고 앞 낱말에 붙여서 씁니다.

🏠 알맞은 도움말을 보기에서 찾아 넣어 보세요.

> 보기  은, 는, 이, 가, 을, 를, 와, 과, 에서

개가 밥 ☐ 먹는다.

나 ☐ 책을 좋아한다.

수학 ☐ 수학 익힘을 준비하세요.

바람 ☐ 세게 불어요.

🏠 보기처럼 도움말을 앞 낱말에 붙여 써 보세요.

| 보기 | 책 | 과 | | 걸 | 상 | → | 책 | 과 | | 걸 | 상 |

| 사 | 과 | 와 | 배 | → | | | | 배 |

| 책 | 이 | 좋 | 다 | → | | | 좋 | 다 |

| 밥 | 을 | 먹 | 다 | → | | | 먹 | 다 |

# 13 옷

✏️ 공부한 날
☐ 월 ☐ 일 ☐ 요일

 '옷'을 나타낸 말을 찾아 써 보세요.

| 옷감 | 옷핀 | 옷걸이 | 때때옷 | 옷자락 |

|  |  |  |  |

'옷'을 넣어서 아래 그림을 이야기해 보고 그림 제목도 붙여 보세요.

제목 :

'옷'을 나타내는 말을 넣어 낱말을 이어 보세요.

| 옷이 | 예쁘다 | 옷이 |
| 옷이 | 더럽다 | 옷 |
| 옷이 | 너무 크다 | |
| 옷을 | 입다 | |
| 옷을 | 걸다 | |
| 옷을 | 빨다 | 옷을 |

다음 낱말을 세 번씩 쓰고 한 낱말을 정해서 끝말잇기를 해 보세요.

- 잠옷
- 속옷
- 옷핀
- 옷장
- 옷걸이

'옷'을 나타내는 말을 넣어 이야기를 써 보세요.

예) 갑자기 소나기가 내렸다. 옷이 다 젖었다. 감기에 걸렸다.

---

 친구가 쓴 글

일어나 보니 엄마가 춥다고 했다.
옷을 단단히 입었다.
엄마 말대로 좀 쌀쌀했다.
다음부턴 아까처럼 입어야겠다.    – 1학년 차상기

이처럼 말한 대로
글로 쓰면 좋아요.

# 14 실

**공부한 날**  월   일   요일

**'실'을 나타낸 말을 찾아 써 보세요.**

| 실패 | 실뜨기 | 실비 | 실지렁이 |
| 실밥 | 실핏줄 | 실바람 | 실눈 |
|   |   |   |   |

**'실'을 넣어서 아래 그림을 이야기해 보고 그림 제목도 붙여 보세요.**

제목 :

'실'을 나타내는 말을 넣어 낱말을 이어 보세요.

| 실이 | 가늘다 | 실로 |
| 실밥이 | 터지다 | |
| 실이 | 엉키다 | |
| 실을 | 뽑다 | 실은 |
| 실로 | 이를 빼다 | |
| 실뜨기는 | 재미있다 | |

다음 낱말을 세 번씩 쓰고 한 낱말을 정해서 끝말잇기를 해 보세요.

- 실패
- 실눈
- 실핏줄
- 실바람
- 실뜨기

'실'을 나타내는 말을 넣어 이야기를 써 보세요.

예 이가 흔들렸다. 엄마는 이에 실을 걸어 이를 뺐다.

수돗가에서 장화를 신고 놀고 있었다.
그 옆으로 실뱀이 지나갔다.
달팽이 걸음으로 지나갔다.　　　　　　－ 1학년 박동재

# 15 신

🖊 공부한 날
　월　　일　　요일

 '신'을 나타낸 말을 찾아 써 보세요.

| 신발 | 덧신 | 신발장 | 신코 |
|---|---|---|---|
| 가죽신 | 신끈 | 신갈나무 | |
| | | | |

'신'을 넣어서 아래 그림을 이야기해 보고 그림 제목도 붙여 보세요.

제목 :

'신'을 나타내는 말을 넣어 낱말을 이어 보세요.

| 신발이 | 크다 | → | 신 |
| 신이 | 더럽다 | | |
| 신에 | 흙이 묻다 | | |
| 신을 | 신다 | → | 신이 |
| 신을 | 털다 | | |
| 신을 | 빨다 | | |

'흙'을 쓸 때 받침이 좀 틀려도 괜찮아요. 흑, 흐윽, 흘, 흩처럼 써도 말은 알아듣지요. 조금씩 배워 가요.

다음 낱말을 세 번씩 쓰고 한 낱말을 정해서 끝말잇기를 해 보세요.

덧신
꽃신
신발
신발장
신발끈

'신'을 나타내는 말을 넣어 이야기를 써 보세요.

예 운동장에서 공을 찼더니 신발에 흙이 많이 묻었다.

 친구가 쓴 글

내가 개똥을 밟아서 신발에서 냄새가 엄청 났다.
근데 엄마가 신발을 빨아 줬다.
그래서 신발이 깨끗해졌다.  – 1학년 이제혁

공부한 날
　월　　일　　요일

'줄'을 나타낸 말을 찾아 써 보세요.

| 빨랫줄 | 줄다리기 | 줄타기 | 줄글 |
| --- | --- | --- | --- |
| 줄무늬 | 새끼줄 | 줄줄이 | 줄표 |
|  |  |  |  |

'줄'을 넣어서 아래 그림을 이야기해 보고 그림 제목도 붙여 보세요.

제목 :

'줄'을 나타내는 말을 넣어 낱말을 이어 보세요.

| 줄이 길다 | 줄은 |
| 줄이 약하다 | |
| 줄이 끊어지다 | |
| 줄을 잡다 | |
| 줄을 당기다 | |
| 줄넘기를 하다 | 줄을 |

다음 낱말을 세 번씩 쓰고 한 낱말을 정해서 끝말잇기를 해 보세요.

줄글
줄넘기
고무줄
빨랫줄
새끼줄

'줄'을 나타내는 말을 넣어 이야기를 써 보세요.

예) 줄넘기 100번을 넘어서 시험에 통과했다.

 친구가 쓴 글

예전에 이제혁이 우리 집에 놀러 왔다.
그런데 이제혁이 빨랫줄에 매달렸다.
줄이 끊어질 뻔했다.                    - 1학년 이창형

# 17 길

🖉 공부한 날
　월　일　요일

 '길'을 나타낸 말을 찾아 써 보세요.

| 길목 | 길바닥 | 산길 | 길모퉁이 |

|　|　|　|　|

'길'을 넣어서 아래 그림을 이야기해 보고 그림 제목도 붙여 보세요.

제목 :

누가 어디로 가고 있는 걸까요?

'길'을 나타내는 말을 넣어 낱말을 이어 보세요.

| 길이 | 좁다 | 길은 | |
| 길이 | 지저분하다 | | |
| 길이 | 울퉁불퉁하다 | | |
| 길에서 | 놀다 | 길 | |
| 산길을 | 걷다 | | |
| 길을 | 내다 | | |

다음 낱말을 세 번씩 쓰고 한 낱말을 정해서 끝말잇기를 해 보세요.

| 산길 | | | |
| 큰길 | | | |
| 골목길 | | | |
| 길바닥 | | | |
| 길동무 | | | |

'길'을 나타내는 말을 넣어 이야기를 써 보세요.

예 **차가 많이 다니는 길은 위험하다.**

 친구가 쓴 글

차를 멈추었을 때
어떤 빡빡 깎은 아저씨가 차를 타고 와서
우리 차를 박았다.
나는 죽을 뻔했다.
그래서 에어백 8개가 터질 뻔했다.    – 1학년 정현빈

# 18 돌

공부한 날   월   일   요일

‘돌’을 나타낸 말을 찾아 써 보세요.

| 돌멩이 | 돌덩이 | 돌다리 |

‘돌’을 넣어서 아래 그림을 이야기해 보고 그림 제목도 붙여 보세요.

제목 :

'돌'을 나타내는 말을 넣어 낱말을 이어 보세요.

| 돌이 | 딱딱하다 | 돌은 | |
| 돌이 | 날카롭다 | | |
| 돌이 | 떨어지다 | | |
| 돌을 | 던지다 | 돌로 | |
| 돌다리를 | 건너다 | | |
| 돌을 | 씹다 | | |

다음 낱말을 세 번씩 쓰고 한 낱말을 정해서 끝말잇기를 해 보세요.

| 돌도끼 | | | |
| 돌멩이 | | | |
| 돌다리 | | | |
| 돌판 | | | |
| 차돌 | | | |

'돌'을 나타내는 말을 넣어 이야기를 써 보세요.

예 밥을 먹다 돌을 씹었다. 이가 빠지는 줄 알았다.

 친구가 쓴 글

돌봄에서 전래놀이로 비석치기를 했다.
돌 찾기가 어려웠다.
아주 힘들게 돌을 찾았다.　　　　　　　－1학년 정하연

# 19 흙

🖊 공부한 날
　월　　일　　요일

 '흙'을 나타낸 말을 찾아 써 보세요.

| 흙먼지 | 흙장난 | 흙탕물 |

'흙'을 넣어서 아래 그림을 이야기해 보고 그림 제목도 붙여 보세요.

제목 :

'흙'을 나타내는 말을 넣어 낱말을 이어 보세요.

| 흙이 | 묻다 | 흙이 묻은 | |
| 흙이 | 깨끗하다 | | |
| 흙이 | 향긋하다 | | |
| 흙을 | 밟다 | 흙을 | |
| 흙을 | 모으다 | | |
| 흙을 | 뿌리다 | | |

다음 낱말을 세 번씩 쓰고 한 낱말을 정해서 끝말잇기를 해 보세요.

- 찰흙
- 흙길
- 흙장난
- 흙바닥
- 흙투성이

'흙'을 나타내는 말을 넣어 이야기를 써 보세요.

예) 흙장난을 해서 옷이 더러워졌다. 엄마한테 혼났다.

흙을 던졌다.
근데 바람이 내 쪽으로 불어서 눈에 흙이 들어갔다.
그래서 눈이 아팠다.                  - 1학년 김태헌

# 20 땅

🖊 공부한 날
　월　　일　　요일

 '땅'을 나타낸 말을 찾아 써 보세요.

| 땅속 | 땅따먹기 | 땅강아지 | 땅볼 |
|---|---|---|---|
|  |  |  |  |

'땅'을 넣어서 아래 그림을 이야기해 보고 그림 제목도 붙여 보세요.

제목 :

이야기 제목이 떠오르면 이야기도 만들어져요.

'땅'을 나타내는 말을 넣어 낱말을 이어 보세요.

| 땅이 | 넓다 | 땅으로 | |
| 땅위에 | 집을 짓다 | | |
| 땅을 | 파다 | | |
| 땅에서 | 뒹굴다 | | |
| 땅에 | 떨어지다 | 땅 아래에 | |
| 땅 | 짚고 헤엄치다 | | |

다음 낱말을 세 번씩 쓰고 한 낱말을 정해서 끝말잇기를 해 보세요.

| 땅콩 | | | |
| 땅굴 | | | |
| 땅속 | | | |
| 땅줄기 | | | |
| 땅강아지 | | | |

 '땅'을 나타내는 말을 넣어 이야기를 써 보세요.

예) 운동장에 네모를 그리고 땅따먹기를 했다. 내 땅이 제일 넓다.

 친구가 쓴 글

나는 아빠와 같이 밭일을 하고 있었다.
근데 아빠가 땅을 파다가 땅강아지를 찾았다.
쓰다듬어 주고 같이 놀았다.   — 1학년 김민준

# 21 해

 공부한 날

| 월 | 일 | 요일 |

'해'를 나타낸 말을 찾아 써 보세요.

| 해돋이 | 해시계 | 해바라기 | 새해 |

| | | | |

 '해'를 넣어서 아래 그림을 이야기해 보고 그림 제목도 붙여 보세요.

제목 :

'해'를 나타내는 말을 넣어 낱말을 이어 보세요.

| 해가 | 뜨다 | | |
| 해가 | 붉다 | 햇살이 | |
| 해가 | 넘어가다 | | |
| 해를 | 보다 | | |
| 햇볕이 | 따스하다 | 해는 | |
| 해를 | 가리다 | | |

다음 낱말을 세 번씩 쓰고 한 낱말을 정해서 끝말잇기를 해 보세요.

| 새해 | | | |
| 햇살 | | | |
| 해넘이 | | | |
| 해돋이 | | | |
| 해시계 | | | |

'해'를 나타내는 말을 넣어 이야기를 써 보세요.

예 한여름 해는 너무 뜨겁다.

### 친구가 쓴 글

아침에 선글라스를 쓰고 해를 봤는데 해가 전등 같다.

― 1학년 김민성

### 친구가 쓴 글

내가 해를 보았는데 너무 뜨거웠다.
그래서 넘어졌다.
흙이 묻었다.
까슬까슬했다.

 몸으로 겪고 쓴 말은 살아 있어요.

― 1학년 전가을

## 22 눈

✏️ 공부한 날
☐ 월 ☐ 일 ☐ 요일

 '눈'을 나타낸 말을 찾아 써 보세요.

| 눈길 | 눈사람 | 눈싸움 | 함박눈 |

|   |   |   |   |

'눈'을 넣어서 아래 그림을 이야기해 보고 그림 제목도 붙여 보세요.

제목 :

'눈'을 나타내는 말을 넣어 낱말을 이어 보세요.

| 눈이 | 내리다 | 눈 | |
| 눈이 | 차갑다 | | |
| 눈이 | 쌓이다 | | |
| 눈을 | 치우다 | 눈으로 | |
| 눈에 | 미끄러지다 | | |
| 눈사람을 | 만들다 | | |

다음 낱말을 세 번씩 쓰고 한 낱말을 정해서 끝말잇기를 해 보세요.

| 눈길 | | | |
| 눈꽃 | | | |
| 눈사람 | | | |
| 눈싸움 | | | |
| 함박눈 | | | |

'눈'을 나타내는 말을 넣어 이야기를 써 보세요.

예) 눈이 펑펑 내렸다. 친구들과 눈사람도 만들고 눈싸움도 했다.

 친구가 쓴 글

작년에 집 앞에 눈이 와서 비닐 포대를 타고 놀았다.
근데 눈이 조금 와서 잘 안 타졌다.
정말 아쉬웠다. 그래도 난 더 탔다.      - 1학년 김하평

# 23 비

✏️ 공부한 날
　월　　일　　요일

 '비'를 나타낸 말을 찾아 써 보세요.

| 비옷 | 이슬비 | 비구름 |

|　|　|　|　|

'비'를 넣어서 아래 그림을 이야기해 보고 그림 제목도 붙여 보세요.

제목 :

'비'를 나타내는 말을 넣어 낱말을 이어 보세요.

| 비가 내리다 | 비는 |
| 비가 오다 | |
| 빗물이 넘치다 | |
| 비를 피하다 | 비 |
| 비를 맞다 | |
| 비에 옷이 젖다 | |

다음 낱말을 세 번씩 쓰고 한 낱말을 정해서 끝말잇기를 해 보세요.

| 비옷 | | | |
| 비구름 | | | |
| 가랑비 | | | |
| 빗방울 | | | |
| 소낙비 | | | |

'비'를 나타내는 말을 넣어 이야기를 써 보세요.

예) 갑자기 소나기가 내렸다. 옷이 다 젖었다. 감기에 걸렸다.

 친구가 쓴 글

어제 비가 내렸다.
근데 우산이 없어서 점퍼를 쓰고 갔다.
점퍼가 젖었다. 추웠다.              – 1학년 곽상민

# 24 빛

'~다'로 끝나는 움직씨, 그림씨를 써서 낱말을 만들어도 돼요.

✏️ 공부한 날
　월　　일　　요일

 '빛'을 나타낸 말을 찾아 써 보세요.

| 햇빛 | 빛나다 | 빛깔 |

|　|　|　|　|

'빛'을 넣어서 아래 그림을 이야기해 보고 그림 제목도 붙여 보세요.

제목 :

'빛'을 나타내는 말을 넣어 낱말을 이어 보세요.

| | |
|---|---|
| 빛이 나다 | 빛 |
| 얼굴빛이 어둡다 | |
| 햇빛이 밝다 | |
| 빛을 비추다 | |
| 빛깔을 내다 | 빛에 |
| 빛을 보다 | |

다음 낱말을 세 번씩 쓰고 한 낱말을 정해서 끝말잇기를 해 보세요.

- 햇빛
- 달빛
- 빛깔
- 빛나다
- 얼굴빛

'빛'을 나타내는 말을 넣어 이야기를 써 보세요.

예 영주는 받아쓰기 점수를 못 받아서 얼굴빛이 어둡다.

 친구가 쓴 글

햇빛이 쨍쨍할 때 갑자기 비가 와서 하늘이 보리 하늘처럼 누렇게 됐다. 그래서 난 깜짝 놀랐다.                    - 1학년 전연수

# 낱말과 낱말은 띄어 써요!

한 가지 넘는 뜻이 있으면 **낱말**이라고 해요. 낱말들이 모여 여러 가지 뜻을 다른 사람에게 이야기하는 말이 됩니다. 그런데 말을 할 때 낱말만으로는 하고 싶은 뜻을 모두 말할 수 없어요. 그래서 낱말과 낱말을 이어서 말을 해요. 책상 위에 있는 공책을 달라고 하고 싶은데 그냥 낱말 하나로 공책 이렇게 말하면 알아듣기 힘들지요. 그래서 책상, 위, 있는, 공책, 지우개, 연필, 주세요라는 낱말들을 합쳐서 알아듣기 쉽게 말합니다.

우리가 말을 할 때, 책상위에있는공책지우개연필주세요라고 빠르게 이어서 한꺼번에 따다다다다다 말하지 않습니다. 어딘가에서 쉬어 말을 하지요. 말할 때 잠깐 쉬는 곳이 낱말과 낱말 사이입니다. 책 상위에있 는공 책지우 개연 필주 세요 이렇게 말하지도 않지요. 이런 식으로 쉬어서 말을 하면 무슨 말인지 전혀 알아들을 수 없습니다. 그래서 낱말 사이를 쉬어서 말해요.

글로 쓸 때는 말할 때처럼 쉬는 곳이 필요한데 이것을 **띄어쓰기**라고 합니다. 낱말들은 한 가지 넘는 뜻이 있으니까 그 뜻을 알 수 있도록 표시한 것입니다.

🏠 보기 글자 가운데 뜻이 있는 낱말을 찾아 써 보세요.

| 가 | 나 | 다 | 라 | 마 | 바 | 사 | 아 | 자 | 차 |
|---|---|---|---|---|---|---|---|---|---|
| 카 | 타 | 파 | 하 | 고 | 노 | 도 | 로 | 모 | 보 |
| 소 | 오 | 조 | 초 | 코 | 토 | 포 | 호 | 구 | 누 |
| 두 | 루 | 무 | 부 | 수 | 우 | 주 | 추 | 쿠 | 투 |
| 푸 | 후 | 아 | 어 | 요 | 유 | 으 | 이 | 여 | 야 |

내가 찾은 낱말 : 도로, 차,

🏠 띄어 있는 낱말을 한 덩어리로 붙여 써 보세요.

고 구 　 마 →

책 　 상 　 →

과 　 자 　 →

대 　 한 민 국 →

🏠 띄어 있는 낱말을 한 덩어리로 붙여 써 보세요.

💬 띄어 쓴 칸에서는 실제로 쉬어야 해요.
전~화기, 엄~마, 잠자~리, 놀~이터

| 전 | 화 | 기 | → | | | | | |
| 엄 | 마 | | → | | | | | |
| 초 | 등 | 학 | 교 | → | | | | |
| 잠 | 자 | 리 | → | | | | | |
| 놀 | 이 | 터 | → | | | | | |

🏢 다음 낱말을 바르게 띄어서 고쳐 써 보세요.

| 할 | 아 | 버 | 지 | → | | | | | |
| 선 | 생 | 님 | → | | | | | |
| 아 | 버 | 지 | → | | | | | |
| 자 | 전 | 거 | → | | | | | |
| 만 | 화 | 책 | → | | | | | |

90

🏠 낱말에 동그라미를 치고 띄어 써 보세요.

사과배 →

점심을먹다 →

모자쓰다 →

물을마시다 →

🏠 다음 낱말을 띄어 써 보세요.

| 함 | 께 | 먹 | 다 | → 

| 치 | 마 | 바 | 지 | →

| 학 | 원 | 가 | 다 | →

| 돼 | 지 | 여 | 우 | →

| 같 | 이 | 놀 | 다 | →

| 썰 | 매 | 타 | 다 | →

🏠 보기처럼 낱말에 동그라미를 치고 띄어 써 보세요.

보기: 나ⓞ학교ⓞ간다

| 나 | | 학 | 교 | | 간 | 다 | | | |

연필떨어지다

화장실가다

그림을그리다

개구리개굴개굴노래하다

띄어쓰기한 곳에서
실제로 쉬어 읽으세요.
나~학교~간다
연필~떨어지다
개구리개굴개굴노래하다처럼
쉬어 읽지 않으면 헥헥!

다음 낱말에 동그라미를 치고 띄어 써 보세요.

나는빨리집에가고싶다

공부를열심히했다

축구할때기분이좋다

책상위공책주세요

우리선생님은잘웃는다

# 1 가다

또박또박 소리 내어 따라 읽으세요.

✏️ 공부한 날
　월　　일　　요일

아래 낱말을 읽어 보세요.

| 간다 | 갔다 | 갔습니다 | 갔습니까 |

| 가고 | 가니 | 가서 | 가니까 |

선생님 한 번, 나 한 번!
엄마 한 번, 나 한 번!

'가다'를 넣어서 아래 그림을 이야기해 보고 그림 제목도 붙여 보세요.

제목 :

'가다'를 나타내는 말을 넣어 낱말을 이어 보세요.

| | | | |
|---|---|---|---|
| 집에 | 가다 | 학원에 | 가니 |
| 학교에 | 가다 | | |
| 운동장으로 | 가다 | | |
| 빨리 | 가다 | | |
| 느리게 | 가다 | | 갔습니까 |
| 절뚝거리며 | 가다 | | |

다음 낱말을 두 번 쓰고, 움직임을 몸으로 나타내 보세요.

| | | |
|---|---|---|
| 걸어가다 | | |
| 뛰어가다 | | |
| 굴러가다 | | |
| 돌아가다 | | |

'가다'를 넣어 이야기를 써 보세요.

예 나는 학원 끝나면 버스를 타고 집에 간다.

요즘 우리는 점심시간에 왔다리 갔다리 놀이를 한다.
밥을 먹는 둥 마는 둥 하고 빨리 뛰어 나갔다.

– 1학년 정원식

# 2 오다

✏️ 공부한 날

　월　　일　　요일

아래 낱말을 읽어 보세요.

| 온다 | 왔다 | 왔습니다 | 왔습니까 |

| 오고 | 오니 | 와서 | 오니까 |

'오다'를 넣어서 아래 그림을 이야기해 보고 그림 제목도 붙여 보세요.

제목 :

'오다'를 나타내는 말을 넣어 낱말을 이어 보세요.

| 집에 | 오다 | | |
| 학교에 | 오다 | | 왔습니까 |
| 운동장으로 | 오다 | | |
| 빨리 | 오다 | 점심시간이 | |
| 느리게 | 오다 | | |
| 절뚝거리며 | 오다 | | |

걸어오다와 뛰어오다를 몸으로 나타내 보면 어떻게 다른가요?

다음 낱말을 두 번 쓰고, 움직임을 몸으로 나타내 보세요.

걸어오다

뛰어오다

굴러오다

돌아오다

어디에 갔다 오다가
생긴 일을
생각해 보세요.

 '오다'를 넣어 이야기를 써 보세요.

예) 운동장에서 달리기를 했다. 내가 제일 빨리 돌아와서 1등을 했다.

 친구가 쓴 글

외할머니가 시골에서 오셨다.
서울에 오면 머리가 어지럽다고 하신다.
하룻밤 자고 금방 가셨다.                    - 2학년 김창주

# 3 서다

📏 공부한 날
　　월　　일　　요일

 아래 낱말을 읽어 보세요.

| 섰다 | 섰습니다 | 섰습니까 |

| 서고 | 서니 | 서서 | 서니까 |

'서다'를 넣어서 아래 그림을 이야기해 보고 그림 제목도 붙여 보세요.

제목 :

'서다'를 나타내는 말을 넣어 낱말을 이어 보세요.

| 제자리에 | 서다 | | |
| 의자 위에 | 서다 | 뚝바룬 | |
| 짝꿍 뒤에 | 서다 | | |
| 바르게 | 서다 | | |
| 차례대로 | 서다 | | 섰습니다 |
| 줄을 | 서다 | | |

다음 낱말을 두 번 쓰고, 움직임을 몸으로 나타내 보세요.

- 서다
- 앉다
- 눕다
- 돌다

 '서다'를 넣어 이야기를 써 보세요.

예) 급식 시간이 되면 아이들이 재빠르게 줄을 선다.

 친구가 쓴 글

그저께 강원도 홍천 할머니 집에 갔다.
차가 막혀서 가다 서다를 되풀이했다.
힘들었다.
— 2학년 김찬영

# 4 걷다

✏️ 공부한 날
　월　　일　　요일

 아래 낱말을 읽어 보세요.

| 걷다 | 걷습니다 | 걷습니까 |

| 걷고 | 걸으니 | 걸어서 | 걸으니까 |

'걷다'를 넣어서 아래 그림을 이야기해 보고 그림 제목도 붙여 보세요.

제목 :

'걷다'를 나타내는 말을 넣어 낱말을 이어 보세요.

| 제자리에서 걷다 | 제자리와 |
| 모래 위를 걷다 | |
| 길을 걷다 | |
| 곧장 걷다 | |
| 빨리 걷다 | |
| 손을 흔들며 걷다 | 걸으니 |

다음 낱말을 두 번 쓰고, 움직임을 몸으로 나타내 보세요.

걷다

뛰다

기다

달리다

'걷다'를 넣어 이야기를 써 보세요.

예 선생님은 복도에서 걸어서 다니라고 하지만 아이들은 자꾸 뛴다.

 친구가 쓴 글

신발 벗고 모래 놀이터에서 놀았다.
맨발로 걸으니까 시원하다.

– 2학년 이경일

# 5 먹다

🖊 공부한 날

　월　　일　　요일

 아래 낱말을 읽어 보세요.

| 먹었다 | 먹었습니다 | 먹었습니까 |

| 먹고 | 먹으니 | 먹어서 | 먹으니까 |

'먹다'를 넣어서 아래 그림을 이야기해 보고 그림 제목도 붙여 보세요.

제목 :

'먹다'를 나타내는 말을 넣어 낱말을 이어 보세요.

| 밥을 | 먹다 | | |
| 점심을 | 먹다 | | 먹었습니다 |
| 국수를 | 먹다 | | |
| 많이 | 먹다 | | |
| 돼지처럼 | 먹다 | 아빠랑 | |
| 거지처럼 | 먹다 | | |

다음 낱말을 두 번 쓰고, 움직임을 몸으로 나타내 보세요.

| 먹다 | | |
| 뱉다 | | |
| 마시다 | | |
| 빨아먹다 | | |

 '먹다'를 넣어 이야기를 써 보세요.

예 배가 고파서 돼지처럼 밥을 막 먹었다.

돌봄 짝이랑 깻잎을 만져 보니 꺼칠꺼칠했다.
달팽이도 만졌다.
똥파리가 똥을 먹는 것도 보았다.　　　　　－ 2학년 이복희

# 6 보다

✏️ 공부한 날
월　일　요일

 아래 낱말을 읽어 보세요.

| 보았다 | 보았습니다 | 보았습니까 |

| 보고 | 보니 | 보아서 | 보니까 |

'보다'를 넣어서 아래 그림을 이야기해 보고 그림 제목도 붙여 보세요.

제목 :

'보다'를 나타내는 말을 넣어 낱말을 이어 보세요.

| 책을 | 보다 | | |
| 돌고래를 | 보다 | | |
| 시험을 | 보다 | | 보았다 |
| 멀리 | 보다 | | |
| 정확하게 | 보다 | 자세히 | |
| 눈을 깜빡이며 | 보다 | | |

다음 낱말을 두 번 쓰고, 움직임을 몸으로 나타내 보세요.

| 보다 | | |
| 감다 | | |
| 깜빡이다 | | |
| 돌아보다 | | |

 '보다'를 넣어 이야기를 써 보세요.

예 아침에 일어나 창밖을 보니 비가 많이 내리고 있다.

---

---

---

---

---

---

---

 친구가 쓴 글

이처럼 본 대로, 들은 대로, 한 대로 써 보세요.

나는 동생이랑 고무줄 끊기 놀이를 할 때
내가 엉덩이에다 고무줄을 척 대고 고무줄을 끊었더니
팬티에 구멍이 났다.
집에서 팬티를 벗어 보니 구멍이 잘 보인다.

― 2학년 손아영

# 7 듣다

🖊 공부한 날
　월　　일　　요일

👧 아래 낱말을 읽어 보세요.

| 들었다 | 들었습니다 | 들었습니까 |

| 듣고 | 들으니 | 들어서 | 들으니까 |

👦 '듣다'를 넣어서 아래 그림을 이야기해 보고 그림 제목도 붙여 보세요.

제목 :

'듣다'를 나타내는 말을 넣어 낱말을 이어 보세요.

| 음악을 | 듣다 | | 듣으니 |
| 동생 소리를 | 듣다 | | |
| 웃는 소리를 | 듣다 | 아들을 | |
| 귀담아 | 듣다 | | |
| 고개를 끄덕이며 | 듣다 | | |
| 자세히 | 듣다 | | |

다음 낱말을 두 번 쓰고, 움직임을 몸으로 나타내 보세요.

- 듣다
- 말하다
- 다물다
- 닫다

 '듣다'를 넣어 이야기를 써 보세요.

예 뒤에 앉으면 선생님 말이 잘 들리지 않는다.

 친구가 쓴 글

우리 반은 달마다 놀며 부르는 노래를 발표한다.
"영심이, 짝짝 맞아, 영심이."
상혁이 발표를 듣고 모두 따라했다. 재미있었다.

— 2학년 유지훈

# 8 밀다

🖉 공부한 날

월    일    요일

아래 낱말을 읽어 보세요.

| 밀었다 | 밀었습니다 | 밀었습니까 |

| 밀고 | 밀으니 | 밀어서 | 밀으니까 |

 소리를 쉽게 내려고 '미니까'로도 읽어요.

 '밀다'를 넣어서 아래 그림을 이야기해 보고 그림 제목도 붙여 보세요.

제목 :

'밀다'를 나타내는 말을 넣어 낱말을 이어 보세요.

| 책상을 | 밀다 | | |
| 연필을 짝에게 | 밀다 | 들을 | |
| 등을 | 밀다 | | |
| 세게 | 밀다 | | |
| 가볍게 | 밀다 | | 밀고 |
| 힘없이 | 밀다 | | |

다음 낱말을 두 번 쓰고, 움직임을 몸으로 나타내 보세요.

밀다
당기다
끌다
누르다

'밀다'를 넣어 이야기를 써 보세요.

예 우리반은 금요일마다 책상을 뒤로 밀고 대청소를 했다.

 친구가 쓴 글

한 해 마무리 잔치할 때 책상과 의자를 모두 뒤로 밀었다.
바닥에 앉아서 보았다.
안방 같았다.                      － 2학년 최승연

# 9 주다

✏️ 공부한 날
　월　　일　　요일

아래 낱말을 읽어 보세요.

| 주었다 | 주었습니다 | 주었습니까 |

| 주고 | 주니 | 주어서 | 주니까 |

'주다'를 넣어서 아래 그림을 이야기해 보고 그림 제목도 붙여 보세요.

제목 :

'주다'를 나타내는 말을 넣어 낱말을 이어 보세요.

| | |
|---|---|
| 밥을 | 주다 |
| 사탕을 | 주다 |
| 동화책을 | 주다 |
| 바르게 | 주다 |
| 동생에게 | 주다 |
| 던져서 | 주다 |

| | |
|---|---|
| 고을 | |
| | |
| | |
| | |
| | 주어서 |
| | |

다음 낱말을 두 번 쓰고, 움직임을 몸으로 나타내 보세요.

글씨를 쓸 때는 천천히 또박또박 써요.

- 주다
- 받다
- 던지다
- 놓다

 '주다'를 넣어 이야기를 써 보세요.

예) 즐거운 생활 시간에 공 주고 받기 놀이를 했다.

 친구가 쓴 글

축구를 잘 했다고 형들이 상을 주었다.
'1학년인데도 끝까지 수비를 잘한 상'
사탕을 선물로 받았다.
형들이 좋다.

 상장도 만들어 보세요.

– 1학년 이재우

# 10 씹다

🖉 공부한 날

　월　　일　　요일

 아래 낱말을 읽어 보세요.

| 씹다 | 씹습니다 | 씹습니까 |

| 씹고 | 씹으니 | 씹어서 | 씹으니까 |

'씹다'를 넣어서 아래 그림을 이야기해 보고 그림 제목도 붙여 보세요.

제목 :

'씹다'를 나타내는 말을 넣어 낱말을 이어 보세요.

| 밥을 | 씹다 | | |
| 이빨로 | 씹다 | | 씹어서 |
| 껌을 | 씹다 | | |
| 질겅질겅 | 씹다 | 씹씹 | |
| 잘근잘근 | 씹다 | | |
| 꼭꼭 | 씹다 | | |

다음 낱말을 두 번 쓰고, 움직임을 몸으로 나타내 보세요.

- 씹다
- 빨다
- 맡다
- 삼키다

'씹다'를 넣어 이야기를 써 보세요.

예 밥을 씹어 먹다가 돌이 나와서 놀랐다.

_____
_____
_____
_____
_____
_____

껌을 샀다.
한 개를 씹으니 심심했다.
두 개, 세 개를 더 씹었다.
다섯 개를 한꺼번에 입에 넣고 씹었다.
입속에 껌이 두툼해서 잘 안 씹혔다. — 2학년 이원영

## 받침이 ㅇ을 만나면 이사 가요!

우리가 학교에서 날마다 배우는 국어는 국이라는 글자와 어라는 글자가 합쳐서 된 낱말입니다. 국어 시간에 선생님이 국어책 꺼내라고 하는데 국어라고 하지 않고 국 꺼내요 하면 아주 엉뚱한 말이 되어 버립니다. 아니면 어 꺼내요 하고 말해도 무슨 말인지 도통 알 수 없게 되지요. 그래서 국어라고 붙여서 말해야 모두 뜻을 알아듣게 됩니다.

국 하고 어 할 때는 소리 나는 대로 말하면 됩니다. 그런데 국과 어가 합쳐져서 국어라고 할 때는 소리 내기가 좀 불편해요. 국이라고 눌러 말한 뒤 어를 붙여야 하니 물 흐르듯이 소리 내기가 어렵습니다. 국어를 이어서 여러 번 말해 보세요. 그러면 국어국어구거구거구거처럼 결국 [구거]로 소리가 나요. 천천히 눌러서 또박또박 말할 때는 [국] [어] 이렇게 되지만 이어서 빨리 말할 때는 소리 내기가 쉽지 않아요.

그래서 국의 받침인 기역이 다음 글자 어의 이응 쪽으로 이사를 가서 소리를 냅니다. 그러면 소리 내기가 쉽거든요. 쓸 때는 국어 이렇게 쓰지만 읽을 때는 [구거] 이렇게 읽습니다. 모두 그런 것은 아니고 뒷 낱말의 첫 낱자가 ㅇ일 때 그렇습니다. 마치 동그라미 속에 기역이 풍당 빠져서 없어지니까 아이들은 풍당 규칙이라고 말하기도 합니다.

🏠 다음 글자를 따라서 읽어 보세요.

국    [국]
어    [어]
**국어**  [구거]

 어떻게 읽어야 할지 써 보세요.

| 놀 | [놀] | 이 | [이] | **놀이** | [노리] |
| 음 | [ ] | 악 | [악] | **음악** | [으막] |
| 밥 | [ ] | 을 | [ ] | **밥을** | [ ] |
| 손 | [손] | 이 | [ ] | **손이** | [ ] |
| 꽃 | [ ] | 을 | [ ] | **꽃을** | [꼬츨] |
| 옆 | [ ] | 에서 | [ ] | **옆에서** | [ ] |
| 사람 | [사람] | 은 | [은] | **사람은** | [ ] |
| 웃 | [ ] | 으니 | [ ] | **웃으니** | [ ] |

🏠 색글자로 된 낱말을 바르게 읽어 보세요.

**할아버지**  [ 하 | 라 | 버 | 지 ]

**높이**  [   |   ]

**걸음**  [   |   ]

**밤을** 까다  [ 바 | 믈 ]

**팔이** 아프다  [   |   ]

과자를 **먹으려고**  [   |   |   |   ]

도둑을 **잡아라**  [   |   |   ]

 색글자로 된 낱말을 바르게 읽어 보세요.

**닭이** 울다  [   |   ] 울다

**맑은** 하늘을 보다  [   |   ] 하늘을 보다

🏠 색글자로 된 낱말을 바르게 읽어 보세요.

모두 **여덟이다**   [　　　　]

**흙을** 던지다   [　　]

자리에 **앉아라**   [　　　]

빛이 **밝아서** 눈이 부시다   [　　　]

🏠 색글자로 된 낱말을 바르게 읽어 보세요.

**값이** 비싸다   [갑 시]

큰 소리로 **읽어요**   [　　　]

잔디를 **밟아요**   [　　　]

밥 **없이는** 못 살아   [　　　]

선반에 물건을 **얹어요**   [　　　]

강아지가 혀로 **핥아요**   [　　　]

# 11 웃다

✏️ 공부한 날

　월　　일　　요일

 아래 낱말을 읽어 보세요.

| 웃었다 | 웃었습니다 | 웃었습니까 |

| 웃고 | 웃으니 | 웃어서 | 웃으니까 |

'웃다'를 넣어서 아래 그림을 이야기해 보고 그림 제목도 붙여 보세요.

제목 :

뭘 보고 이렇게 웃고 있을까요?

'웃다'를 나타내는 말을 넣어 낱말을 이어 보세요.

| 혼자서 | 웃다 | 갑자기 | |
| 친구랑 | 웃다 | | 웃었습니다 |
| 만화를 보면서 | 웃다 | | |
| 씩 | 웃다 | | |
| 크게 | 웃다 | | |
| 킥킥대며 | 웃다 | | |

다음 낱말을 두 번 쓰고, 움직임을 몸으로 나타내 보세요.

| 웃다 | | | | |
| 울다 | | | | |
| 참다 | | | | |
| 찡그리다 | | | | |

인물(아기, 강아지, 엄마)을 정하고 진짜처럼 소리를 넣어 몸으로 나타내 보세요. 하하! 히히! 응애응애!

 '웃다'를 넣어 이야기를 써 보세요.

예) 친구랑 만화를 보다 너무 웃겨서 뒤로 넘어질 뻔했다.

### 친구가 쓴 글

우리 선생님은 잘 웃지 않는다.
가끔 선생님이 웃으면 예쁘다.
선생님이 많이 웃으면 좋겠다.

– 2학년 여한솔

# 12 파다

✏️ 공부한 날

　월　　일　　요일

 아래 낱말을 읽어 보세요.

| 팠다 | 팠습니다 | 팠습니까 |

| 파고 | 파니 | 파서 | 파니까 |

'파다'를 넣어서 아래 그림을 이야기해 보고 그림 제목도 붙여 보세요.

제목 :

말풍선에 말을 넣어 보세요.
역할극도 해 보세요.

'파다'를 나타내는 말을 넣어 낱말을 이어 보세요.

| 땅을 | 파다 | | |
| 삽으로 | 파다 | | |
| 콧구멍을 | 파다 | | 팠습니까 |
| 살살 | 파다 | | |
| 깊이 | 파다 | | |
| 둥글게 | 파다 | | 파서 |

다음 낱말을 두 번 쓰고, 움직임을 몸으로 나타내 보세요.

| 파다 | | |
| 긁다 | | |
| 덮다 | | |
| 옮기다 | | |

'파다'를 넣어 이야기를 써 보세요.

예) 씨름장에서 흙을 파서 두꺼비집을 만들었다.

___

### 친구가 쓴 글

내 동생은 코딱지를 판다.
더럽다고 해도 자꾸 판다.
언제는 코딱지를 먹었다.
아이고, 못 말려.
— 2학년 최승연

# 13 자다

✏️ 공부한 날
　월　　일　　요일

👧 아래 낱말을 읽어 보세요.

| 잤다 | 잤습니다 | 잤습니까 |

| 자고 | 자니 | 자서 | 자니까 |

👦 '자다'를 넣어서 아래 그림을 이야기해 보고 그림 제목도 붙여 보세요.

제목 :

말풍선에 말을 넣고 역할극도 해 보세요.

'자다'를 나타내는 말을 넣어 낱말을 이어 보세요.

| 잠을 | 자다 | 침대에서 | |
| 이불에서 | 자다 | | |
| 책상에 엎드려 | 자다 | | |
| 깊이 | 자다 | | |
| 코를 골며 | 자다 | | 자네 |
| 누워서 | 자다 | | |

다음 낱말을 두 번 쓰고, 움직임을 몸으로 나타내 보세요.

- 자다
- 깨다
- 눕다
- 일어나다

'자려고 눕고 깨어서 일어나기'를 이어서 몸으로 나타내 보세요.

'자다'를 넣어 이야기를 써 보세요.

예 너무 피곤해서 책상에 엎드려 잠을 잤다.

 우리 아빠 코 고는 소리는 ____다.
빈칸을 자유롭게 채워 보세요.

 친구가 쓴 글

엄마는 아빠가 코를 골아서 잠을 못 잔다고 했다.
아빠 코 고는 소리는 대포 소리다.

― 1학년 박창균

# 14 찾다

🖍 공부한 날
　　월　　일　　요일

 아래 낱말을 읽어 보세요.

| 찾았다 | 찾았습니다 | 찾았습니까 |

| 찾고 | 찾으니 | 찾아서 | 찾으니까 |

'찾다'를 넣어서 아래 그림을 이야기해 보고 그림 제목도 붙여 보세요.

**제목 :**

'찾다'를 나타내는 말을 넣어 낱말을 이어 보세요.

| 물건을 | 찾다 | | |
| 공을 | 찾다 | | |
| 돈을 | 찾다 | 친구를 | |
| 샅샅이 | 찾다 | | 찾으니까 |
| 두리번거리며 | 찾다 | | |
| 책상 속에서 | 찾다 | | |

다음 낱말을 두 번 쓰고, 움직임을 몸으로 나타내 보세요.

- 찾다
- 잃다
- 닿다
- 잡다

'찾다'를 넣어 이야기를 써 보세요.

예 바닥에 떨어뜨린 동전을 겨우 찾았다.

 친구가 쓴 글

우리 아파트 엘리베이터에 강아지를 찾는 사진이 붙었다.
우리 집 푸들과 비슷했다.
까만 털도 같다.
빨리 찾으면 좋겠다.           - 2학년 홍아름

# 15 모으다

공부한 날
월   일   요일

아래 낱말을 읽어 보세요.

| 모았다 | 모았습니다 | 모았습니까 |

| 모으고 | 모으니 | 모아서 | 모으니까 |

'모으다'를 넣어서 아래 그림을 이야기해 보고 그림 제목도 붙여 보세요.

제목 :

'모으다'를 나타내는 말을 넣어 낱말을 이어 보세요.

| 남은 밥을 | 모으다 | 모음 |
| 재활용 쓰레기를 | 모으다 | |
| 웃는 소리를 | 모으다 | |
| 대충 | 모으다 | 모아서 |
| 꼼꼼하게 | 모으다 | |
| 꾸준히 | 모으다 | |

다음 낱말을 두 번 쓰고, 움직임을 몸으로 나타내 보세요.

- 모으다
- 버리다
- 비다
- 차다

 '모으다'를 넣어 이야기를 써 보세요.

예) 돈을 꾸준히 모아서 사고 싶은 장난감을 샀다.

알뜰 시장을 했다. 경매도 했다.
나는 반팔 티, 장난감, 구두를 샀다.
판 돈은 모금함에 모았다.
아프리카 어려운 친구들을 돕는다고 했다.   － 2학년 심준기

# 16 만들다

✏️ 공부한 날
　월　일　요일

아래 낱말을 읽어 보세요.

| 만들었다 | 만들었습니다 | 만들었습니까 |

| 만들고 | 만드니 | 만들어서 | 만드니까 |

 '만들다'를 넣어서 아래 그림을 이야기해 보고 그림 제목도 붙여 보세요.

제목 :

'만들다'를 나타내는 말을 넣어 낱말을 이어 보세요.

| 자동차를 | 만들다 | | 만들었습니다 |
| 배를 | 만들다 | | |
| 책을 | 만들다 | | |
| 튼튼하게 | 만들다 | | |
| 색종이로 | 만들다 | 인형을 | |
| 도화지로 | 만들다 | | |

다음 낱말을 두 번 쓰고, 움직임을 몸으로 나타내 보세요.

| 만들다 | | |
| 부수다 | | |
| 흔들다 | | |
| 박다 | | |

친구랑 둘이 하면 더 재미있어요. 친구가 '만들다'라고 말하면 나는 만드는 흉내를 냅니다. 역할을 바꾸어서 내가 '만들다' 하면 친구가 흉내를 냅니다. 부수다, 흔들다, 박다도 똑같이 해 보세요.

'만들다'를 넣어 이야기를 써 보세요.

예 종이 상자로 집을 만들어서 친구들과 놀았다.

나는 일주일에 한 번씩 학교에서
만들기 동아리를 할 때가 제일 좋다.
레고 블록, 컵 쌓기, 활 만들기,
비석치기 할 돌 갈아서 만들기를 했다. - 2학년 전민규

# 17 묶다

✏️ 공부한 날
　월　　일　　요일

 아래 낱말을 읽어 보세요.

| 묶었다 | 묶었습니다 | 묶었습니까 |

| 묶고 | 묶으니 | 묶어서 | 묶으니까 |

'묶다'를 넣어서 아래 그림을 이야기해 보고 그림 제목도 붙여 보세요.

제목 :

'묶다'를 나타내는 말을 넣어 낱말을 이어 보세요.

| 책을 묶다 | | 묶었습니까 |
| 머리를 묶다 | | |
| 짐을 묶다 | | |
| 꽉 묶다 | | |
| 느슨하게 묶다 | | 묶어서 |
| 괄호로 묶다 | | |

다음 낱말을 두 번 쓰고, 움직임을 몸으로 나타내 보세요.

- 묶다
- 풀다
- 싸다
- 들다

 '묶다'를 넣어 이야기를 써 보세요.

예 풀어진 머리카락을 고무줄로 단단하게 묶었다.

 친구가 쓴 글

엄마 없을 때 동생이 머리끈을 묶어 달라고 했다.
머리카락이 자꾸 빠져나갔다.
동생이 오빠는 그것도 못하냐고 삐졌다.  - 2학년 민윤식

# 18 놀다

✏️ 공부한 날

　　월　　일　　요일

 아래 낱말을 읽어 보세요.

| 놀았다 | 놀았습니다 | 놀았습니까 |

| 놀고 | 놀으니 | 놀아서 | 놀으니까 |

'놀다'를 넣어서 아래 그림을 이야기해 보고 그림 제목도 붙여 보세요.

제목 :

**'놀다'를 나타내는 말을 넣어 낱말을 이어 보세요.**

| 친구랑 | 놀다 | | |
|---|---|---|---|
| 집에서 | 놀다 | | 놀아서 |
| 놀이터에서 | 놀다 | | |
| 재미나게 | 놀다 | | |
| 함께 | 놀다 | | 놀았다 |
| 땀나게 | 놀다 | | |

**다음 낱말을 두 번 쓰고, 움직임을 몸으로 나타내 보세요.**

| 놀다 | | | |
|---|---|---|---|
| 쉬다 | | | |
| 싸우다 | | | |
| 이기다 | | | |

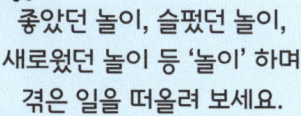

좋았던 놀이, 슬펐던 놀이, 새로웠던 놀이 등 '놀이' 하며 겪은 일을 떠올려 보세요.

 '놀다'를 넣어 이야기를 써 보세요.

예 운동장에서 실컷 놀았더니 등에서 땀이 났다.

 친구가 쓴 글

중간놀이 20분은 너무 짧다.
놀다 보면 금방 종이 울린다.
중간놀이 시간이 길면 좋겠다.　　　　　－ 2학년 나세현

# 19 담다

✏️ 공부한 날
　월　　일　　요일

 아래 낱말을 읽어 보세요.

| 담았다 | 담았습니다 | 담았습니까 |

| 담고 | 담으니 | 담아서 | 담으니까 |

'담다'를 넣어서 아래 그림을 이야기해 보고 그림 제목도 붙여 보세요.

제목 :

'담다'를 나타내는 말을 넣어 낱말을 이어 보세요.

| 밥을 | 담다 | | |
| 쓰레기를 | 담다 | 마음을 | |
| 숟가락에 | 담다 | | 담으니까 |
| 빠르게 | 담다 | | |
| 차곡차곡 | 담다 | | |
| 넘치게 | 담다 | | |

다음 낱말을 두 번 쓰고, 움직임을 몸으로 나타내 보세요.

담다
덜다
차다
붓다

'담다'를 넣어 이야기를 써 보세요.

예) 바닥에 떨어진 연필을 주워서 필통에 가지런히 담았다.

 친구가 쓴 글

모래 놀이를 했다.
모래를 옮기려고 비닐봉지를 찾았다.
비닐봉지에 모래를 담아 옮겼다.
우유갑도 찾았다.
우유갑은 모래를 퍼 담기 좋았다.
모래성을 만들었다.                    - 2학년 김준겸

# 20 찢다

✏️ 공부한 날

　월　　일　　요일

 아래 낱말을 읽어 보세요.

| 찢었다 | 찢었습니다 | 찢었습니까 |

| 찢고 | 찢으니 | 찢어서 | 찢으니까 |

🧑 '찢다'를 넣어서 아래 그림을 이야기해 보고 그림 제목도 붙여 보세요.

제목 :

'찢다'를 나타내는 말을 넣어 낱말을 이어 보세요.

| 종이를 | 찢다 |
| 휴지를 | 찢다 | 찢었 |
| 신문지를 | 찢다 |
| 박박 | 찢다 |
| 쭉쭉 | 찢다 | 찢었습니다 |
| 갈기갈기 | 찢다 |

다음 낱말을 두 번 쓰고, 움직임을 몸으로 나타내 보세요.

- 찢다
- 휘다
- 붙다
- 젖다

'찢다'를 넣어 이야기를 써 보세요.

예 오늘 즐생 시간에 종이를 마음대로 찢어서 꾸미기를 했다.

---

 친구가 쓴 글

 뭔가 구워 먹은 일이 있으면 떠올리며 읽어 보세요.

엄마가 쥐포를 구웠다.
달콤한 냄새가 난다.
다 구워서 쭉쭉 찢었다.
군침이 돌았다. 실컷 먹었다.

— 2학년 전민규

# 글만의 약속이 있어요!

말로 한 것을 글로 옮길 때 문장 부호가 필요해요. 그냥 말로 해서 되는 것도 있지만 말을 글로 써서 뜻을 전해야 할 때도 많아요. 엄마가 냉장고에다 영주야, 오늘 엄마 약속 있어서 나갔다 올 테니 탁자 위에 차려 놓은 밥 먹고 학원 다녀와. 사랑해. 이렇게 쓸 수 있지요. 말을 할 때는 영주야라고 부르면 그냥 부르는 것인지 알지만 글로 쓸 때는 부르는 것인지, 그냥 쓴 것인지 알기가 어려워요. 그래서 부를 때는 영주야 뒤에 **쉼표**(,)를 찍기로 약속을 했답니다.

또 밥 먹었어요라고 물을 때 말로 하면 누구나 끝말을 올려서 밥 먹었어 하지만 글로 쓸 때는 그 느낌을 알 수가 없어요. 그래서 **물음표**(?)를 넣어 묻는 느낌을 표시하게 되었어요. 또는 오늘 참 하늘 맑다라고 누군가 말했다면 소리를 듣고 옆에 있는 사람들은 저 사람이 하늘을 보고 느낌이 좋은가 보다 알겠지요. 하지만 이런 느낌은 글로 잘 드러나지 않아요. 그래서 느낌이 강할 때는 **느낌표**(!)를 쓰게 되었습니다.

마지막으로, 말을 할 때는 쉬었다 말하거나 빨리 말해도 서로 마주 보고 이야기를 하고 있기 때문에 알아듣기 쉽지만 글로 옮겨 적을 때는 계속 이어서 쓰면 무슨 말인지 알아듣지 못해요. 그래서 한 문장이 끝나면 마쳤다는 뜻으로 **마침표**(.)를 찍게 되었답니다. 문장 부호는 말 그대로 사람이 가진 뜻을 글로 잘 전달하기 위해 만든 약속들입니다.

🏠 보기처럼 문장 부호와 낱말을 넣어 문장을 완성해 보세요.

보기

| 밥을 잘 | 먹습니다 . | | 바둑아 , | 이리 와. |
| | 먹습니까 ? | | 종민아 , | |
| | 먹는구나 ! | | 소영아 , | |

| 꽃이 정말 | | | 개가 빨리 | 뜁니다 . |
| | 예쁩니까 | | | |
| | 예쁘구나 ! | | | 뛰는구나 |

| 영주야 , | | | 개똥아 | |
| | 놀자. | | | 싸우지 마. |
| | | | | |

161

# 3 그림씨로 어휘력 늘리기

# 1 검다

공부한 날 ☐월 ☐일 ☐요일

 아래 낱말을 읽어 보세요.

| 검었다 | 검었습니다 | 검었습니까 |

| 검고 | 검으니 | 검어서 | 검으니까 |

 '검다'를 넣어서 아래 그림을 이야기해 보고 그림 제목도 붙여 보세요.

제목 :

'검다'를 나타내는 말을 넣어 낱말을 이어 보세요.

| 숲이 검다 | 　 검었다 |
| 바닥이 검다 | 　 |
| 얼굴이 검다 | 　 검었습니까 |
| 아주 검다 | 　 |
| 가방이 검다 | 　 |
| 너무 검다 | 　 |

다음 낱말을 두 번 쓰고, 예가 되는 낱말을 말해 보세요.

"검은 것은 밤 하늘, 먹는 밤, 아빠 차, 엄마 스타킹!"처럼 말해 보고 써 보세요.

| 검다 | | | |
| 희다 | | | |
| 푸르다 | | | |
| 붉다 | | | |

 '검다'를 넣어 이야기를 써 보세요.

예) 검은 색종이와 흰 색종이를 섞어서 모양을 꾸몄다.

세상에서 제일 검은 것은 먹물이다.
우리 선생님은 붓글씨를 쓴다.
먹물로 붓글씨를 쓴다.
멋지다.
— 2학년 최승연

# 2 크다

✏️ 공부한 날
　월　　일　　요일

👧 아래 낱말을 읽어 보세요.

| 컸다 | 컸습니다 | 컸습니까 |

| 크고 | 크니 | 커서 | 크니까 |

👦 '크다'를 넣어서 아래 그림을 이야기해 보고 그림 제목도 붙여 보세요.

제목 :

'크다'를 나타내는 말을 넣어 낱말을 이어 보세요.

| 키가 크다 | 컸다 |
| 집이 크다 | |
| 얼굴이 크다 | |
| 굉장히 크다 | 눈동자가 |
| 집만큼 크다 | |
| 나보다 크다 | |

 "큰 것은 앞 산, 동그란 지구, 우리 학교!"처럼 말해 보고 써 보세요.

 다음 낱말을 두 번 쓰고, 예가 되는 낱말을 말해 보세요.

| 크다 | | | |
| 작다 | | | |
| 길다 | | | |
| 짧다 | | | |

친구랑 번갈아 가며
예로 든 낱말 이어 가기 놀이를 해 보세요.

'크다'를 넣어 이야기를 써 보세요.

예 우리 반에는 키가 커서 키다리라는 별명을 가진 친구가 있다.

아이들은 내가 머리가 크다고 놀린다.
제일 듣기 싫다.
한번은 민수가 나한테 "야, 큰 머리통 어디 가?" 그랬다.
정말 기분 나빴다.

— 2학년 박철곤

# 3 길다

✏️ 공부한 날

　월　　일　　요일

 아래 낱말을 읽어 보세요.

| 길었다 | 길었습니다 | 길었습니까 |

| 길고 | 길으니 | 길어서 | 길으니까 |

더 쉽게 발음하기 위해서 '기니까'라고도 해요.

 '길다'를 넣어서 아래 그림을 이야기해 보고 그림 제목도 붙여 보세요.

제목 :

'길다'를 나타내는 말을 넣어 낱말을 이어 보세요.

| 끈이 | 길다 | | |
|---|---|---|---|
| 손가락이 | 길다 | | 길었습니까 |
| 얼굴이 | 길다 | | |
| 끈이 | 짧다 | | |
| 손가락이 | 짧다 | | 짧았습니다 |
| 줄이 | 짧다 | | |

다음 낱말을 두 번 쓰고, 예가 되는 낱말을 말해 보세요.

| 길다 | | | | | |
|---|---|---|---|---|---|
| 짧다 | | | | | |
| 넓다 | | | | | |
| 좁다 | | | | | |

연필보다 긴 것은?

나보다 짧은 것은?

운동장보다 넓은 것은?

우리 집보다 좁은 것은?

 '길다'를 넣어 이야기를 써 보세요.

예) 줄이 길어서 한참을 기다려서 밥을 먹었다.

 친구가 쓴 글

우리 엄마는 내 손을 만질 때 하는 말이 있다.
"손가락 긴 것은 아빠 닮아서 다행이다.
엄마는 손이 울퉁불퉁하고 짧아서 미워."라고 하신다.
다른 건 몰라도 아빠처럼 손가락과 발가락 길어서 좋다고 했다.
― 2학년 홍아름

# 4 같다

✏️ 공부한 날
☐ 월 ☐ 일 ☐ 요일

 아래 낱말을 읽어 보세요.

| 같았다 | 같았습니다 | 같았습니까 |

| 같고 | 같으니 | 같아서 | 같으니까 |

'같다'를 넣어서 아래 그림을 이야기해 보고 그림 제목도 붙여 보세요.

제목 :

'같다'를 나타내는 말을 넣어 낱말을 이어 보세요.

| 모양이 | 같다 |   | 같았다 |
| 무늬가 | 같다 |   |   |
| 옷이 | 같다 |   |   |
| 모양이 | 다르다 | 생각이 |   |
| 무늬가 | 다르다 |   |   |
| 옷이 | 다르다 |   |   |

다음 낱말을 두 번 쓰고, 예가 되는 낱말을 말해 보세요.

- 같다
- 다르다
- 있다
- 없다

'같다'를 넣어 이야기를 써 보세요.

예 머리 모양과 옷이 같아서 엄마인 줄 알았다.

우리 반에는 강현주가 둘이다.
이름이 똑같다.
그래서 아이들은 큰 현주, 작은 현주라고 부른다.

— 2학년 황재희

# 5 맑다

✏️ 공부한 날
☐ 월 ☐ 일 ☐ 요일

 아래 낱말을 읽어 보세요.

| 맑았다 | 맑았습니다 | 맑았습니까 |

| 맑고 | 맑으니 | 맑아서 | 맑으니까 |

'맑다'를 넣어서 아래 그림을 이야기해 보고 그림 제목도 붙여 보세요.

제목 :

'맑다'를 나타내는 말을 넣어 낱말을 이어 보세요.

| 하늘이 | 맑다 | | |
| 눈이 | 맑다 | | |
| 정신이 | 맑다 | 밝으니까 | |
| 하늘이 | 흐리다 | 볼수이 | |
| 눈이 | 흐리다 | | |
| 정신이 | 흐리다 | | |

맑은 것은 샘물, 동생 웃음, 가을 하늘, 콩나물 국물!

다음 낱말을 두 번 쓰고, 예가 되는 낱말을 말해 보세요.

| 맑다 | | | |
| 흐리다 | | | |
| 밝다 | | | |
| 어둡다 | | | |

 '맑다'를 넣어 이야기를 써 보세요.

예 어제는 비가 올 것처럼 흐렸는데 아침에는 아주 맑아서 운동회를 했다.

### 친구가 쓴 글

오늘 아침 산책 갔을 때 꼭대기에서 선생님이 하늘을 보라고 했다.
하늘이 파랗다.
선생님은 정말 맑다고 했다.
'파란 게 맑은가?' 생각했다.        - 2학년 금민지

# 6 달다

🖉 공부한 날

　월　　일　　요일

 아래 낱말을 읽어 보세요.

| 달았다 | 달았습니다 | 달았습니까 |

| 달고 | 달으니 | 달아서 | 달으니까 |

 발음하기 쉽게 '다니까'라고도 해요.

 '달다'를 넣어서 아래 그림을 이야기해 보고 그림 제목도 붙여 보세요.

**제목 :**

'달다'를 나타내는 말을 넣어 낱말을 이어 보세요.

| 맛이 | 달다 | 아이스크림은 |
| 사탕은 | 달다 | |
| 꿀이 | 달다 | |
| 맛이 | 쓰다 | |
| 고추는 | 맵다 | |
| 음식이 | 짜다 | 많아서 |

다음 낱말을 두 번 쓰고, 예가 되는 낱말을 말해 보세요.

| 달다 | | | |
| 쓰다 | | | |
| 맵다 | | | |
| 짜다 | | | |

'달다'를 넣어 이야기를 써 보세요.

예 사탕은 너무 달아서 많이 먹으면 이빨이 썩는다.

실제 말한 대로 쓸 때는 큰따옴표(" ")를 써요.
큰따옴표를 따라 써 보세요.

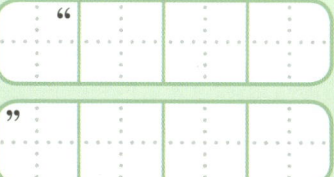 친구가 쓴 글

엄마가 고들빼기나물 반찬을 했다.
아빠는 "고놈의 고들빼기 참 달다." 하며 먹는다.
나도 먹어 보았다. 엄청 써서 금방 뱉었다.
아빠는 쓴 것을 달다고 뻥쳤다.   – 2학년 황재희

# 7 춥다

📝 공부한 날
　월　일　요일

 아래 낱말을 읽어 보세요.

| 추웠다 | 추웠습니다 | 추웠습니까 |

| 춥고 | 추우니 | 추워서 | 추우니까 |

'춥다'를 넣어서 아래 그림을 이야기해 보고 그림 제목도 붙여 보세요.

제목 :

'춥다'를 나타내는 말을 넣어 낱말을 이어 보세요.

| 날씨가 춥다 | | 추워서 |
| 교실이 춥다 | | |
| 방이 춥다 | | |
| 날씨가 덥다 | | |
| 교실이 덥다 | | 더워서 |
| 방이 덥다 | | |

다음 낱말을 두 번 쓰고, 예가 되는 낱말을 말해 보세요.

| 춥다 | | | |
| 덥다 | | | |
| 좋다 | | | |
| 나쁘다 | | | |

 '춥다'를 넣어 이야기를 써 보세요.

예 교실이 너무 추워서 온풍기를 세게 틀었다.

### 친구가 쓴 글

눈이 많이 내렸다. 엄마는 춥다며 스키복을 입으라고 했다.
학교 운동장에서 눈사람을 만들었다.
눈 위에서 뒹굴기도 했다.
춥지만 눈 오는 날이 좋다.                    - 2학년 정원석

8 늦다

✏️ 공부한 날
　월　　일　　요일

 아래 낱말을 읽어 보세요.

| 늦었다 | 늦었습니다 | 늦었습니까 |

| 늦고 | 늦으니 | 늦어서 | 늦으니까 |

'늦다'를 넣어서 아래 그림을 이야기해 보고 그림 제목도 붙여 보세요.

제목 :

'늦다'를 나타내는 말을 넣어 낱말을 이어 보세요.

| 약속시간보다 | 늦다 | | |
| 날마다 | 늦다 | | 늦어서 |
| 너무 | 늦다 | | |
| 약속시간보다 | 이르다 | | |
| 날마다 | 이르다 | 밥 먹기에 | |
| 너무 | 이르다 | | |

내가 늦었을 때를 떠올려 보세요.
친구가 늦게 오는 것도 말해 보고 써 보세요.

다음 낱말을 두 번 쓰고, 예가 되는 낱말을 말해 보세요.

| 늦다 | | | |
| 이르다 | | | |
| 멀다 | | | |
| 가깝다 | | | |

'늦다'를 넣어 이야기를 써 보세요.

예 아침에 너무 늦게 일어나서 지각을 했다.

### 친구가 쓴 글

늦잠을 잤다. 학교에 늦었다.
선생님이 왜 늦었냐고 귀에다 대고 이야기했다.
선생님 귀에다 대고 "늦잠 잤어요." 했더니
선생님이 내 귀에다 "응, 어서 자리에 앉아." 하셨다.
우리 선생님은 친절하다.

— 2학년 이미나

# 같은 뿌리에서 다른 가지를 뻗어요!

모든 나무는 뿌리가 있습니다. 뿌리가 땅 아래로 자리를 잘 잡아야 기둥도 가지도 잘 자라지요. 뿌리가 튼튼해질수록, 기둥이 튼실해질수록 가지도 저마다 쭉쭉 뻗어 나가지요. 뿌리는 같지만 가지는 저마다 뻗어 나가지요. 말도 마찬가지입니다. 뜻이라는 뿌리는 같아도 다른 가지들을 만들어 냅니다. 뜻은 같지만 하는 노릇이 조금씩 다릅니다.

예를 들어, 먹다라는 낱말이 있다면 뜻은 누구나 알고 있지요. 밥을 먹다, 고기를 먹다, 반찬을 먹다 등으로 쓰입니다. 사람이 음식을 몸으로 받아들일 때 쓰는 말이 먹다입니다.

먹다라는 뜻의 뿌리는 같지만 옛날을 나타내는 었이란 가지로 뻗어 먹었다가 됩니다. 지금이 아닌 옛날에 먹었다에다가 공손함을 나타내는 습니 가지로 뻗어 먹었습니다가 됩니다. 이런 식으로 가지를 자꾸 뻗어서 먹다, 먹었다, 먹었습니다, 먹어요, 먹어서, 먹으니까, 먹자니, 먹고 등이 됩니다.

뜻은 같지만 가지를 뻗어 다른 노릇을 한다고 보면 됩니다. 사다는 샀다, 샀습니다, 사요, 사서, 사니까, 사자니, 사고 등으로 가지를 뻗겠지요. 즐겁다는 즐거웠다, 즐겁습니다, 즐거워요, 즐거워서, 즐거우니까, 즐겁자니, 즐겁고 등으로 가지가 뻗겠지요.

🏠 오늘과 어제에 알맞은 말을 ⬜ 에 써 보세요.

| 오늘 | | 어제 |
|---|---|---|
| 싸우다 | 싸웠다 | 싸웠습니다 |
| 놀라다 | | 놀랐습니다 |
| 말하다 | 말했다 | |
| 하다 | 했다 | |
| 먹다 | | |
| 오다 | 왔다 | |
| 차다 | | |
| 배가 고파서 | | |
| 친구가 밀어서 | | |
| 마술사가 신기한 마술을 보여줘서 | | |

까닭 밝히는 말들을 써 보고 소리 내어 읽어 보세요.

| 주다 | 주어서 / 주니 / 주니까 | 받다 | 받아서 / / 받아 |
| --- | --- | --- | --- |
| 먹다 | / / 먹어 | 내리다 | / / |
| | 없어서 / / | 많다 | / 많으니 / |
| 아프다 | / / | | / / 놀라 |

🏠 어떻게 되었을지 써 보세요.

[보기] 배가 너무 고파서 　밥을 먹었습니다.

꽃밭에 물을 주어서 　　　　　

선물을 받아서 　　　　　

비가 와서 　　　　　

이가 아파서 　　　　　

공부를 열심히 해서 　　　　　

🏢 왜 그랬을지 써 보세요.

[보기] 감기에 걸려서 　아팠습니다.

　　　　　 싸웠습니다.

　　　　　 슬펐습니다.

　　　　　 기뻤습니다.

　　　　　 놀랐습니다.

# 더 풀어 보기

- 앞에서 배운 다섯 가지 문법을 문제로 풀면서 잘 익혀 보세요.
- 낱말을 소리 내어 읽으면서 풀어 보세요.
- 문제를 스스로 만들어서 친구들과 풀어 보면 더 좋아요.

# 도움말은 앞 낱말에 붙여 써요!

다음 글을 바르게 띄어 써 보세요.

나는학교에간다.

사과를좋아한다.

노래를부른다.

배가고프다.

무엇을 잘못 썼는지 말하고 바르게 띄어 써 보세요.

개 와고양이

공부 를하다.

가 방을싸 다.

음료수 를마 시다.

친 구랑놀 다.

다음 글을 바르게 띄어 써 보세요.

공부 를하다.

운동 장에서 놀 다.

우 유를 마시다.

도서관 에가 다.

청 소를 하 다.

무엇을 잘못 썼는지 말하고 바르게 띄어 써 보세요.

비 가내리다.

운동 장 에 서놀다.

눈사 람을 만 들다.

친 구들 을 만나 다.

시험 을보 다.

# 낱말과 낱말은 띄어 써요!

 보기처럼 띄어쓰기 표시를 하고 바르게 띄어 써 보세요.

이야기가∨굉장히∨재미있다.

| 이 | 야 | 기 | 가 | | 굉 | 장 | 히 | | 재 |
| 미 | 있 | 다 | . | | | | | | |

학교에서집까지뛰었다.

동생이새근새근자요.

붕어빵에는붕어가없다.

밥과반찬을골고루먹어요.

바람이살랑살랑불어요.

깜짝놀라서벌떡일어나다.

아래 글을 읽고 밑줄 친 부분을 바르게 띄어 써 보세요.

도대체 그동안 무슨 일이 일어났을까?
어머, 아파트 베란다에 누가 조용히 앉아 있네요.
맞아요. 토끼입니다.
집 안엔 아무도 없고 토끼만 혼자 남아 <u>집을보고있어요.</u>

아, 그런데 베란다 문이 잠겨 있질 않군요.
<u>토끼는슬그머니문을열고…….</u>

아무도 없는 집 안으로 들어왔어요.
배가 고픈가 봐요.
<u>냉장고문을열고</u> 뭐 먹을 게 없나 살펴보네요.

토끼는 베란다에서 사람들이 밥 먹는 모습을 많이 보았기 때문에 식히는 법을 잘 알고 있답니다.
<u>지금토끼는맛있는밤참을</u> 먹고 있어요.

|  |  |  |  |  |  |  |  |  |  |
|--|--|--|--|--|--|--|--|--|--|
|  |  |  |  |  |  |  |  |  |  |

식구들이 <u>집에돌아와서 이렇게말하겠죠.</u>

|  |  |  |  |  |  |  |  |  |  |
|--|--|--|--|--|--|--|--|--|--|
|  |  |  |  |  |  |  |  |  |  |

"아니, 왜 이렇게 집 안 구석구석에 토끼똥이 있지?"
여러분은 알고 있죠?
그동안 무슨 일이 일어났는지…….

— 《도대체 그동안 무슨 일이 일어났을까?》 (이호백 지음) 중에서

아래 글을 읽고 밑줄 친 부분을 바르게 띄어 써 보세요.

꼬부랑 할머니가

꼬부랑 치마를 입고

꼬부랑 댕기를 드리고

<u>꼬부랑지팡이를짚고</u>

꼬부랑 강아지를 데리고

꼬부랑 길로 가다가

꼬부랑 똥이 마려워

<u>꼬부랑나무에올라가서</u>

꼬부랑 똥을 눴거든

**꼬부랑 똥을누니까**

꼬부랑 강아지가

꼬부랑 똥을 날름 먹어 버리니까

꼬부랑 할머니가

꼬부랑 지팡이로 딱 때려 주니까

꼬부랑 강아지가

**꼬부랑깽깽꼬부랑깽깽**

네 똥 먹고 천 년 사나 내 똥 먹고 만 년 살지

꼬부랑 깽깽 꼬부랑 깽깽 그러면서달아났다그러대.

―《가자 가자 감나무》(편해문 지음) 중에서

보기처럼 낱말 덩어리의 차례를 바로잡아 문장을 완성해 보세요.

보기
떠는 / 있다. / 아이도 / 벌벌
벌벌∨떠는∨아이도∨있다.

척척 / 따라한다. / 로봇처럼 / 아이들은

연다. / 뒷문을 / 일어서서 / 조용히

시간이다. / 드디어 / 쉬는

어떻게 / 가는 줄도 / 시간이 / 모른다.

긴 막대기를 / 들고 있다. / 한쪽 손에

— 《똥 줌 오 줌》 (김영주 지음) 중에서

보기처럼 낱말 덩어리의 차례를 바로잡아 문장을 완성해 보세요.

보기

똥을 / 돌이네 / 눴어요. / 흰둥이가

돌이네∨흰둥이가∨똥을∨눴어요.

내가 / 더럽다고? / 뭐야! / 똥이라고?

화가 나서 / 강아지똥이 / 물었어요. / 대들듯이

정답게 / 흙덩이가 / 달래었어요. / 강아지똥을

가꾸고 / 곡식도 / 키웠지. / 채소도

흙이잖아? / 우리 밭 / 아니, 이건

꽃봉오리를 / 올라가 / 맺었어요. / 줄기를 타고

—《강아지똥》(권정생 지음) 중에서

보기처럼 낱말 덩어리의 차례를 바로잡아 문장을 완성해 보세요.

보기

밤중에 / 들었어요. / 도둑이 / 하루는

하루는∨밤중에∨도둑이∨들었어요.

너무 굵어요. / 소리치고는 / 고양이

소린 게지. / 그럼 / 고양이

나가 봐요. / 어서 / 정신 차리고

자리에서 / 할아버지가 / 일어나

바가지로군. / 음, / 틀림없는

할머니는 / 않네. / 속지를

—《박박 바가지》(서정오 지음) 중에서

보기처럼 낱말 덩어리의 차례를 바로잡아 문장을 완성해 보세요.

보기
냈어요. / 할머니는 / 한 가지 / 꾀를
할머니는∨한∨가지∨꾀를∨냈어요.

살았어요. / 할아버지가 / 할머니와 / 외딴집에

아주머니가 / 물었어요. / 할아버지에게 / 지나가던

텅 / 장터는 / 비어 / 버렸어요.

걸어갔어요. / 터벅터벅 / 할아버지는 / 집을 향해

알아차렸어요. / 겨우 / 그러다가

마주 / 할아버지는 / 앉았어요. / 농부 아저씨와

— 《훨훨 간다》 (권정생 지음) 중에서

보기처럼 낱말 덩어리의 차례를 바로잡아 문장을 완성해 보세요.

보기

무사히 / 마쳤을까요? / 목욕을 / 과연

과연∨무사히∨목욕을∨마쳤을까요?

먹으려고 / 우성이가 / 아침을 / 합니다.

없어요. / 우유 대장 / 속에는 / 우유가

드네요. / 우유 값이 / 엄청

예뻐졌어요. / 정말 / 손발톱이 / 코알라는 / 긴

경찰이 / 다행히 / 체포했거든요. / 마법사를

뚜껑을 / 열어 보았어요. / 슬쩍 / 은진이는

— 《마법에 걸린 병》 (고경숙 지음) 중에서

보기처럼 낱말 덩어리의 차례를 바로잡아 문장을 완성해 보세요.

보기

겨울에는 / 그래서 / 했어요. / 귀마개를

그래서∨겨울에는∨귀마개를∨했어요.

구멍이 숭숭 뚫린 / 쓰고 다녔지요. / 모자를 / 교장 선생님은

가던 / 땡땡이가 / 화장실을 / 길이었어요.

귀는 / 교장 선생님 / 귀다. / 당나귀

나왔어요. / 자기도 모르게 / 말이 / 입에서

자꾸 / 큰 귀가 / 어른거렸어요. / 눈에

열고 / 밖으로 / 문을 / 나갔어요.

―《교장샘 귀는 당나귀 귀》(김영주 지음) 중에서

# 받침이 ㅇ를 만나면 이사 가요!

🏠 다음 낱말을 바르게 읽어 보세요.

[보기] 숲이 [ 수 | 피 ]   그릇을 [　|　|　]

말이 [　|　]   발을 [　|　]

앞을 [　|　]   사슴은 [　|　|　]

먹으니 [　|　|　]   책은 [　|　]

🏠 색글자로 된 낱말을 바르게 읽어 보세요.

**책을** 읽다   [　|　]

**바닥으로** 넘어졌다   [　|　|　|　]

**색칠을** 하다   [　|　|　]

**시간이** 지나다   [　|　|　]

**동화책은** 재미있다   [　|　|　|　]

🏠 색글자로 된 낱말을 바르게 읽어 보세요.

줄이 꼬물꼬물 **움직였어요**  [　　　　　]

다시 도인으로 **돌아왔어요**  [　　　　　]

아이들에게 도술을 가르치고 **있었어요**  [　　　　]

자꾸 앞으로 **굴러갔어요**  [　　　　]

도현이는 연신 고맙다고 **말했어요**  [　　　　]

어두운 **빛을** 냈어요  [　　]

그만 **바닥으로** 떨어졌어요  [　　　　]

수리수리 술술 **밖으로**  [　　　]

청동거울 **안에서** 나올 수가 없었어요  [　　　]

할리라는 아이가 **산속에서** 놀았어요  [　　　　]

# 글만의 약속이 있어요!

🏠 문장부호를 바르게 따라 써 보세요.

**마침표**

.

**쉼표**

,

**물음표**

?

**느낌표**

!

**큰따옴표**

"

"

**작은따옴표**

'

'

보기처럼 문장 부호를 넣어 문장을 완성하세요.

**보기**

책을 읽습니다 [.]
책을 읽습니까 [?]
책을 읽는구나 [!]

까미야 [,] 안녕
영민아 [,] 안녕
누나 [,] 안녕

밥맛이 정말 좋습니다 [ ]
밥맛이 정말 좋습니까 [ ]
밥맛이 정말 좋구나 [ ]

길동아 [ ] 밥 먹어.
친구야 [ ] 밥 먹어.
형 [ ] 밥 먹어.

하늘이 높습니다 [ ]
하늘이 [ ] ?
하늘이 높구나 [ ]

바둑아 [ ] 가자.
준겸아 [ ] 가자.
[ ] 가자.

비행기가 빠릅니다 [ ]
비행기가 빠릅니까 [ ]
비행기가 [ ]

아버님 [ ] 도와주세요.
어머님 [ ] 도와주세요.
[ ] 도와주세요.

선생님 [ ] 정말 고맙습니다 [ ]

# 같은 뿌리에서 다른 가지를 뻗어요!

🏠 오늘과 어제에 알맞은 말을 ☐에 써 보세요.

| 오늘 | | 어제 |
|---|---|---|
| 차다 | 찼다 | 찼습니다 |
| 보다 | | 보았습니다 |
| 가다 | | |
| 마시다 | | |

🏠 까닭 밝히는 말들을 소리 내어 읽어 보고 써 보세요.

| 받다 | 받아서 / 받으니 / 받으니까 | 좋다 | 좋아서 / 좋으니 / |
|---|---|---|---|
| 넣다 | 넣어서 / / 넣으니까 | 뛰다 | / / |

🏠 어떻게 되었을지 써 보세요.

〔보기〕 선물을 받아서 　기분이 좋았습니다.

비가 오는데 우산이 없어서 ＿＿＿＿＿＿

집에 왔는데 엄마가 없어서 ＿＿＿＿＿＿

배가 아파서 ＿＿＿＿＿＿

선생님이 칭찬을 해서 ＿＿＿＿＿＿

공부를 열심히 해서 ＿＿＿＿＿＿

🏢 왜 그랬을지 써 보세요.

〔보기〕 　엄마가 아파서　 슬펐습니다.

＿＿＿＿＿＿ 좋았습니다.

＿＿＿＿＿＿ 달려갔습니다.

＿＿＿＿＿＿ 벌컥벌컥 물을 마셨습니다.

＿＿＿＿＿＿ 앉았습니다.

# 풀이글

- 낱말 문제의 풀이글은 정답이 없습니다.
  아이들 스스로 다양한 답을 만들어 내는 것이 좋습니다.
  풀이글에 실린 예시 답안은 길잡이로만 사용하세요.

- 문법 문제의 풀이글은 정답이 있습니다.
  아이들이 찾은 답과 맞춰 보면서 문법을 다듬어 익히면 좋습니다.

# 1 이름씨로 어휘력 늘리기

**14쪽**
- 손목, 손뼉, 왼손, 손수레, 손목시계, 손바닥, 손톱 등
- 손으로 하이파이브를 했어요, 친구랑 손뼉 짝! 등

**15쪽**
- 손이 작다, 손을 뿌리치다, 손으로 그리다 등
- 손가락-낙(락)원-원뿔…
  손바닥-닥종이-이빨-빨래…
  오른손-손장갑-갑옷…
  왼손-손발-발가락…
  손짓-짓궂다-다슬기…

**17쪽**
- 왼발, 발톱, 발등, 발길질, 발싸개, 발씨름, 발뒤꿈치 등
- 영주는 동생 발바닥에 그림을 그렸어요. 발바닥 장난 등

**18쪽**
- 발이 작다, 발이 깨끗하다, 발로 장난을 치다 등
- 발가락-낙(락)장송-송충이…
  발바닥-닥치다-다슬기…
  오른발-발꿈치-치과…
  왼발-발장난-난초…
  발짓-짓이기다-다양…

**20쪽**
- 눈병, 외눈박이, 눈빛, 눈꺼풀, 눈가림, 눈가, 눈부시다, 눈부심, 눈물 등
- 친구랑 눈으로 뚫어져라 책을 읽어요, 눈이 나빠서 안경을 쓰고 책을 읽어요 등

**21쪽**
- 눈이 작다, 눈이 밝다, 눈을 감다 등
- 눈동자-자신감-감나무…
  눈물-물방울-울타리…
  눈짓-짓누르다-다리…
  눈썹-썹…(실패!)
  눈치-치카치카-카메라…

**23쪽**
- 눈, 귀, 입, 발, 목, 팔, 배꼽, 등허리, 허벅지 등
- 수영장에 가면 몸에 맞는 수영복을 입어요, 몸이 잘 풀리도록 운동을 해요 등

**24쪽**
- 등을 긁다, 귀를 막다, 머리를 묶다 등
- 코-코코아-아몬드…
  어깨-깨소금-금괴…
  무릎-릎…(실패!)
  허리-리본-본래…
  종아리-리본-본가…

**26쪽**
- 밥풀, 밥솥, 밥상, 밥순가락, 밥벌이, 밥물, 밥주걱, 찬밥, 주먹밥, 밥투정, 비빔밥 등
- 아빠랑 저녁밥을 먹어요, 밥솥에서 밥을 퍼요 등

**27쪽**
- 밥은 맛있다, 밥으로 김밥을 만들다, 밥을 비비다 등
- 밥통-통과-과일…
  밥그릇-릇…(실패!)
  밥주걱-걱정-정리…
  볶음밥-밥상-상추…
  주먹밥-밥풀-풀꽃…

**29쪽**
- 국자, 사골국, 김칫국, 콩나물국, 해장국 등
- 맛있는 국, 국물이 주루룩 흘렀어요 등

**30쪽**
- 국이 맛있다, 국이 흐르다, 국을 호호 불어서 먹는다 등
- 국그릇-릇…(실패!)
  된장국-국화-화장품…

미역국–국가–가을…
국물–물건–건물…
국자–자유–유행…

**32쪽**
달다, 쓰다, 짭짤하다, 심심하다 등
맛은 다양해요, 여러 가지 맛이 있어요 등

**33쪽**
맛이 좋다, 맛을 즐기다, 맛이 없다 등
짜다–다시마–마늘…
맵다–다행–행복…
달다–다정–정치…
맛있다–다음–음악…
맛없다–다슬기–기사…

**35쪽**
물방개, 물길, 물행주, 마중물, 찬물, 더운물, 목욕물, 샘물 등
시원한 얼음물, 물을 많이 마셔요 등

**36쪽**
물이 따뜻하다, 물에 뛰어들다, 물이 부족하다 등
국물–물병–병원…
물통–통후추–추석…
얼음물–물장난–난다…
물수건–건강–강물…
물고기–기분–분침…

**38쪽**
작은방, 사랑방, 건넛방, 맞이방, 빨래방, 방바닥, 셋방, 쪽방, 방구석 등
방에서 놀아요, 내 방에 온 친구 등

**39쪽**
방으로 들어가다, 방이 따뜻하다, 방을 청소하다 등
방바닥–닥종이–이사…
공부방–방향–향수…
노래방–방구석–석유…
안방–방과후–후손…
방문–문제–제주도…

**41쪽**
뒷문, 문단속, 앞문, 동대문, 옆문, 미닫이문, 여닫이문, 문살, 문짝, 쪽문 등
문이 많은 한옥집, 한옥에는 예쁜 문들이 많아요 등

**42쪽**
문에 부딪치다, 문을 열다, 문에 기대다 등
문고리–리스본–본론…
문단속–속담–담쟁이…
남대문–문집–집전화…
창문–문답–답장…
문틈–틈새–새집…

**44쪽**
벽돌문, 벽걸이, 빙벽, 벽화, 벽돌담, 벽돌집 등
우리 집 담벼락, 벽에 낙서를 했어요 등

**45쪽**
벽을 넘다, 벽으로 모이다, 벽에 그림을 붙이다 등
벽돌–돌멩이–이름…
벽장–장미–미나리…
벽시계–계산기–기회…
벽걸이–이쑤시개–개나리…
벽돌집–집주소–소리…

**47쪽**
까치집, 빵집, 집짓기, 헌집, 새집, 두꺼비집, 집세, 거미집, 얼음집, 움집 등
집이 나란히 있어요, 우리 동네 집들 등

**48쪽**
집에 가다, 집이 작다, 집이 예쁘다 등
개집–집중–중심…
집안–안경–경찰…
빵집–집사–사랑…
까치집–집게–게장…
안경집–집합–합창…

**51쪽**
개가 밥 을 먹는다.
나 는 책을 좋아한다.
수학 과 수학 익힘을 준비하세요.
바람 이 세게 불어요.

| 사 | 과 | | 와 | | 배 | → | 사 | 과 | 와 | | 배 |
| 책 | | 이 | | 좋 | 다 | → | 책 | 이 | | 좋 | 다 |
| 밥 | | 을 | | 먹 | 다 | → | 밥 | 을 | | 먹 | 다 |

**52쪽**
겉옷, 속옷, 잠옷, 옷소매, 옷자락, 옷차림, 겨울옷, 여름옷, 옷맵시, 옷깃 등
옷장 정리하는 날, 어떤 옷을 입을까? 등

**53쪽**
옷을 갈아입다, 옷을 샀다, 옷을 물려받다 등
잠옷–옷걸이–이유…
속옷–옷집–집배원…
옷핀–핀란드–드라마…
옷장–장작–작별…
옷걸이–이마–마차…

**55쪽**
실개울, 실개천, 실감기, 실국수, 실마디, 실뱀, 실뿌리, 실잠자리 등
이 뽑는 날, 실로 이를 뽑았어요 등

**56쪽**
실이 꼬이다, 실을 풀다, 실은 길다 등
실패–패배–배꼽…
실눈–눈물–물병…
실핏줄–줄넘기–기차놀이…
실바람–람세스–스위스…
실뜨기–기자–자두…

**58쪽**
새신, 헌신, 신발주머니, 나막신, 털신발, 바퀴신발, 꼬까신 등
우리집 신발장, 신발을 골라 봐요 등

**59쪽**
신발을 사다, 신이 예쁘다, 신발을 바꿔 신다 등
덧신–신기–기차…
꽃신–신경질–질문…
신발–발야구–구멍…
신발장–장점–점박이…
신발끈–끈기–기상…

**61쪽**
고무줄, 줄서기, 한줄기, 한줄금, 줄광대, 가로줄, 줄낚시, 줄사다리, 두레박줄 등
운동회에서 줄다리기를 했어요, 줄다리기에서 이긴 날 등

**62쪽**
줄이 짧다, 줄은 가늘다, 줄로 놀이를 했다 등
줄글–글짓기–기지개…
줄넘기–기적–적중…
고무줄–줄줄이–이슬…
빨랫줄–줄사탕–탕수육…
새끼줄–줄글–글썽글썽…

**64쪽**
길동무, 오르막길, 내리막길, 둘레길, 곧은길, 물길, 강변길, 외딴길, 갈래길, 가시밭길, 고부랑길, 먼길, 길거리 등
구불구불한 길을 달려서 여행을 가요, 할머니 댁에 가는 길 등

**65쪽**
길은 꼬불꼬불하다, 길이 멀다, 길을 따라가다 등
산길–길이–이사…
큰길–길동무–무지개…
골목길–길가–가랑비…
길바닥–닥달–달님…
길동무–무용–용기…

**67쪽**
차돌, 돌계단, 돌무덤, 돌도끼, 돌침

220

대, 돌팔매, 돌조각, 거친돌, 넓적돌, 돌기와, 돌베개, 돌찜질, 둥근돌, 벽돌, 돌부처 등
- 돌탑 쌓기, 친구와 돌을 쌓는 놀이를 했어요 등

**68쪽**
- 돌은 동그랗다, 돌로 동그라미를 만들다, 돌을 던져서 땅따먹기를 하다 등
- 돌도끼-끼리끼리-리본…
  돌멩이-이용-용무…
  돌다리-리듬-듬직…
  돌판-판단-단어…
  차돌-돌다리-리더…

**70쪽**
- 흙바닥, 흙투성이, 찰흙, 찰흙판, 고무찰흙, 흙구름, 흙장난, 흙바닥, 검은흙, 흙덮기, 진흙, 흙강아지, 화산흙, 흙덩어리, 흙주머니, 흙수저 등
- 흙장난을 하다, 흙인형을 만들다 등

**71쪽**
- 흙으로 빚다, 흙놀이를 하다, 흙을 파다 등
- 찰흙-흙벽-벽장…
  흙길-길동무-무기…
  흙장난-난방-방송…
  흙바닥-닥나무-무늬…
  흙투성이-이야기-기계…

**73쪽**
- 땅굴, 모래땅, 남녘땅, 땅문서, 땅농사, 마른땅, 땅귀신, 진흙땅, 북녘땅 등
- 땅따먹기 놀이, 친구들이랑 땅따먹기 놀이를 했어요 등

**74쪽**
- 땅으로 내려오다, 땅 아래에 내려가다, 땅에서 뛰어놀다 등
- 땅콩-콩밭-밭갈이…
  땅굴-굴뚝-뚝심…
  땅속-속담-담장…
  땅줄기-기준-준비물…
  땅강아지-지도-도로…

**76쪽**
- 해넘이, 햇살, 햇볕, 묵은해, 지난해, 해무늬, 지지난해, 해그림자, 원숭이해, 여러해살이, 한해살이, 해맑다 등
- 햇빛이 찬란한 날, 해가 쨍한 날 아빠랑 산에 갔어요 등

**77쪽**
- 햇살이 밝게 빛나다, 해가 지다, 해를 따라가다 등
- 새해-해바라기-기자…
  햇살-살구-구멍…
  해넘이-이웃-웃음…
  해돋이-이동-동물원…
  해시계-계기판-판자…

**79쪽**
- 눈집, 눈가루, 눈안개, 눈사태, 눈썰매장, 송이눈, 싸리눈, 눈바람, 눈썰매, 얼음눈 등
- 눈 오는 날, 친구들이랑 눈싸움을 했어요 등

**80쪽**
- 눈싸움을 하다, 눈으로 썰매를 타다, 눈은 하얗다 등
- 눈길-길가-가로수…
  눈꽃-꽃다발-발표…
  눈사람-람…(실패!)
  눈싸움-움집-집터…
  함박눈-눈빛-빛깔…

**82쪽**
- 궂은비, 소낙비, 빗방울, 가랑비, 큰비, 여우비, 실비, 진눈깨비 등
- 소나기가 온 날, 우산이 없어서 비를 맞고 집에 왔어요 등

**83쪽**
- 비는 물방울이다, 비가 오면 어둡다, 비가 오는 날은 학교에 가기 싫다 등

221

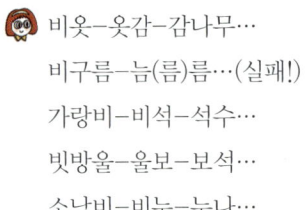 비옷-옷감-감나무…
비구름-늠(름)름…(실패!)
가랑비-비석-석수…
빗방울-울보-보석…
소낙비-비누-누나…

**85쪽** 달빛, 낯빛, 얼굴빛, 새벽빛, 노을빛, 분홍빛, 빛무리, 누런빛, 빛기둥, 웃음빛, 반사빛, 빛가림, 쪽빛 등

햇살이 빛나는 날, 구슬에서 빛이 났어요 등

**86쪽** 빛을 따라가다, 빛이 없다, 빛에 눈이 부시다 등

햇빛-빛깔-깔개…
달빛-빛줄기-기린…
빛깔-깔대기-기수…
빛나다-다행-행진…
얼굴빛-빛살-살코기…

**89쪽**

🏠 내가 찾은 낱말 :

> 도로, 차, 포구, 우유, 누구, 자유, 차도, 부모, 보호자,
> 초코, 우주, 가루, 바보, 자주, 자두, 파이, 고추,
> 모이다, 모이, 주소, 어부 등

**90쪽**

**91쪽**

**92쪽**

222

| 개구리개굴개굴노래하다 | | | | | |
|---|---|---|---|---|---|
| 개구리 | | 개굴개굴 | | 노래하다 | |

93쪽

| 나는빨리집에가고싶다 | | | | | |
|---|---|---|---|---|---|
| 나는 | 빨리 | 집에 | 가고 | 싶다 | |

| 공부를열심히했다 | | | | |
|---|---|---|---|---|
| 공부를 | 열심히 | 했다 | | |

| 축구할때기분이좋다 | | | | | |
|---|---|---|---|---|---|
| 축구할 | 때 | 기분이 | 좋다 | | |

| 책상위공책주세요 | | | | |
|---|---|---|---|---|
| 책상 | 위 | 공책 | 주세요 | |

| 우리선생님은잘웃는다 | | | | | |
|---|---|---|---|---|---|
| 우리 | 선생님은 | 잘 | 웃는다 | | |

## 2 움직씨로 어휘력 늘리기

**96쪽** 학교 가는 길 빨리 걸어서 친구를 만나러 갔어요 등

**97쪽** 할머니 댁에 갔습니다, 날아서 간다, 천천히 가니 등

**99쪽** 오늘 할머니가 우리집에 오셨어요, 할머니가 나를 만나러 멀리서 오셨어요 등

**100쪽** 눈이 왔습니다, 축구장에 왔다, 빙글빙글 돌면서 오는 등

**102쪽** 점심시간에는 줄을 서야 해요, 즐거운 점심시간에 줄을 서요 등

**103쪽** 옆에 서다, 나무 옆에 섰는데, 뛰어가다 섰습니다 등

**105쪽** 신발을 벗고 걸었어요, 친구들이랑 걸어 다녔어요 등

**106쪽** 운동장을 걸어서, 장화를 신고 걸으니, 강아지랑 함께 걸었습니다 등

**108쪽** 밥을 맛있게 먹었어요, 배가 엄청 고파서 와구와구 먹었어요 등

**109쪽** 아이스크림을 먹었습니까, 눈곱만큼 먹고, 친구랑 나눠 먹으니 등

**111쪽** 망원경으로 보면 자세히 보여요, 친구가 보는 걸 막았어요 등

**112쪽** 만화를 보니까, 다정하게 보았습니다, 희망을 보아서 등

**114쪽** 형은 음악을 듣느라 내 목소리를 못 들어요, 이어폰을 끼면 잘 못 들어요 등

**115쪽** 말을 잘 들으니, 이야기를 들었습니까, 조용히 들어서 등

**117쪽** 청소 시간에는 책상을 밀어요, 책상을 뒤로 밀고 대청소해요 등

**118쪽** 자전거를 밀어서, 문을 밀었습니다, 살짝 밀고 등

**120쪽** 생일선물을 준 날, 친구의 생일이라 선물을 주었어요 등

**121쪽** 축구공을 주었습니다, 물통을 주니, 친구에게 주어서 등

**123쪽** 아삭아삭 채소를 씹어 먹어요, 채소는 꼭꼭 씹어 먹어요 등

**124쪽** 젤리를 씹었습니다, 고기를 씹었다, 오래 씹어서 등

223

### 127쪽

| 음 [음] | 악 [악] | 음악 [으막] |
| 밥 [밥] | 을 [을] | 밥을 [바블] |
| 손 [손] | 이 [이] | 손이 [소니] |
| 꽃 [꼳] | 을 [을] | 꽃을 [꼬츨] |
| 옆 [엽] | 에서 [에서] | 옆에서 [여페서] |
| 사람 [사람] | 은 [은] | 사람은 [사라믄] |
| 옷 [옫] | 으니 [으니] | 옷으니 [우스니] |

### 128쪽

높이 [노피]

걸음 [거름]

팔이 아프다 [파리]

과자를 먹으려고 [머그려고]

도둑을 잡아라 [자바라]

🏢 닭이 울다 [달기] 울다

맑은 하늘을 보다 [말근] 하늘을 보다

### 129쪽

모두 여덟이다 [여덜비다]

흙을 던지다 [흘글]

자리에 앉아라 [안자라]

빛이 밝아서 눈이 부시다 [발가서]

🏠 큰 소리로 읽어요 [일거요]

잔디를 밟아요 [발바요]

밥 없이는 못 살아 [업시는]

선반에 물건을 얹어요 [언저요]

강아지가 혀로 핥아요 [할타요]

130쪽 강아지 때문에 많이 웃었어요, 친구랑 강아지랑 함께 놀면 웃음이 나요 등

131쪽 깔깔깔깔 웃었다, 엄마가 웃으니까, 선생님이 웃어서 등

133쪽 맨날 코를 파는 동생, 동생이 코를 파서 부끄러웠어요 등

134쪽 모래밭을 팠습니다, 넓게 팠다, 열심히 파서 등

136쪽 잠만 자는 아빠, 아빠는 주말에 소파랑 친구 하며 자요 등

137쪽 친구랑 잤어요, 쿨쿨 잤습니다, 방에서 잤습니까 등

139쪽 깜돌이를 잃어버려서 찾아 나선 날, 깜돌이를 꼭 찾으면 좋겠어요 등

140쪽 엄마를 찾았어요, 교실에서 찾아서, 책을 찾았습니까 등

142쪽 알뜰 시장에는 좋은 물건이 많이 모여요, 모금함에 돈을 넣었어요 등

143쪽 의견을 모아서, 돌멩이를 모았습니다, 같이 놀 사람을 모으니 등

145쪽 친구들이랑 만들기 놀이를 했어요, 만들기 하는 날은 재미있어요 등

146쪽 기차를 만들다, 블록을 만들었습니다, 예쁘게 만들어서 등

148쪽 머리를 묶었어요, 엄마가 강아지 머리를 묶어 주었어요 등

149쪽 고무줄로 묶으니, 꽁꽁 묶었습니다, 신발끈을 묶었다 등

151쪽  놀이터에서 놀아요, 친구들이랑 놀 때가 제일 좋아요 등

152쪽  수영장에서 놀았습니다, 고양이랑 놀으니까, 신나게 놀았다 등

154쪽  사과를 가방에 담았어요, 엄마랑 사과를 나눠 담은 날 등

155쪽  나뭇잎을 담고, 하나씩 담았습니다, 반찬을 담았습니까 등

157쪽  종이 찢기 놀이를 했어요, 색종이를 찢어서 풀로 붙였어요 등

158쪽  봉투를 찢으니, 똑바로 찢었습니다, 살살 찢으니 등

161쪽

| 꽃이 정말 | 예쁩니다. |
| | 예쁩니까? |
| | 예쁘구나! |

| 개가 빨리 | 뜁니다. |
| | 뜁니까? |
| | 뛰는구나! |

| 영주야, | |
| 진우야, | 놀자. |
| 아빠, | |

| 개똥아, | |
| 까미야, | 싸우지 마. |
| 얘들아, | |

## 3 그림씨로 어휘력 늘리기

164쪽  밤하늘은 검어요, 하늘이 검으니 어두워요 등

165쪽  신발이 검어서, 초콜릿은 검으니, 동생 머리카락은 검고 등
검다: 그림자, 먹물, 선생님 양복 등
희다: 우유, 눈, 구름 등
푸르다: 바다, 강물, 맑은 하늘 등

붉다: 사과, 딸기, 엄마 립스틱 등

167쪽  놀이공원의 곰돌이는 엄청 커요, 키가 큰 피에로가 풍선을 줬어요 등

168쪽  버스는 컸습니다, 발이 크고, 눈이 커서 등
크다: 우주, 비행기, 바다 등
작다: 개미, 코딱지, 단춧구멍 등
길다: 기차, 고무줄, 목도리 등
짧다: 몽당연필, 형 머리카락, 반바지 등

170쪽  목도리가 길어요, 긴 목도리가 바람에 날렸어요 등

171쪽  공부시간이 길어서, 기린 목은 길었습니다, 쉬는 시간은 짧았다 등
길다: 미끄럼틀, 누나 머리카락, 줄다리기 끈 등
짧다: 동생 키, 선인장 가시, 여름방학 등
넓다: 사막, 지구, 바다 등
좁다: 엘리베이터, 동굴, 정글짐 등

173쪽  쌍둥이 친구들은 같은 게 많아요, 산책길에 같은 옷을 입은 사람을 봤어요 등

174쪽  신발 두 짝이 같았습니다, 의견이 같았습니까, 친구랑 나는 다릅니다 등
같다: 젓가락 두 짝, 쌍둥이, 교실 책상
다르다: 크레파스 색깔, 강아지와 고양이, 여름과 겨울
있다: 밤하늘에 별, 놀이터에 그네, 운동장에 모래밭
없다: 물 색깔, 바람 모양, 앞니

176쪽  맑은 날 산에 갔다, 아빠와 함께 산에

(177쪽) 
- 서 본 하늘이 맑았어요 등
- 강물이 맑아서, 공기가 맑았다, 물감색이 흐리니까 등
- 맑다: 하늘, 새소리, 아기 눈망울 등
- 흐리다: 비오는 날, 오염된 강물, 졸릴 때 눈빛 등
- 밝다: 아침 햇살, 형광등 불빛, 아이들 표정 등
- 어둡다: 해질녘, 밤 골목길, 슬픈 마음 등

(179쪽)
- 달콤한 사탕, 막대사탕을 달게 먹었어요 등

(180쪽)
- 포도는 달다, 소금은 짜서, 쿠키는 달았습니다 등
- 달다: 설탕, 초콜릿, 딸기 등
- 쓰다: 약, 한약, 술맛 등
- 맵다: 후추, 양파, 고춧가루 등
- 짜다: 간장, 된장, 소금 등

(182쪽)
- 추운 바람이 씽씽 불었다, 추워서 고드름이 주렁주렁 달렸어요 등

(183쪽)
- 겨울은 추웠다, 눈이 오면 추우니까, 한여름은 더워서 등
- 춥다: 북극, 바람 부는 날, 눈 오는 날 등
- 덥다: 찜질방, 한여름, 축구하는 날 등
- 좋다: 엄마, 인형, 고양이
- 나쁘다: 싸움, 거짓말, 악당 등

(185쪽)
- 늦게 일어나서 지각을 했어요, 학교에 늦어서 뛰어갔어요 등

(186쪽)
- 수업시간에 늦어서, 뛰는 속도가 늦습니다, 아침이 이르다 등
- 늦다: 달팽이, 거북이, 아빠가 집에 오는 시간 등
- 이르다: 등교시간, 새벽, 집에 가야 하는 시간 등
- 멀다: 친구 집, 남극, 할머니 댁 등
- 가깝다: 학교, 이웃마을, 옆 반 교실 등

(189쪽)

(190쪽)

226

### 191쪽

🏠 꽃밭에 물을 주어서 → 기분이 좋았습니다.
선물을 받아서 → 행복했습니다.
비가 와서 → 우산을 썼습니다.
이가 아파서 → 병원에 갔습니다.
공부를 열심히 해서 → 시험 점수가 올랐습니다.

🏢 친구가 욕을 해서 → 싸웠습니다.
키우던 금붕어가 죽어서 → 슬펐습니다.
가족과 함께 여행을 가서 → 기뻤습니다.
엄마가 갑자기 소리를 질러서 → 놀랐습니다.

## 더 풀어 보기

### 194쪽

🏠 나는학교에간다. → 나는 학교에 간다.
사과를좋아한다. → 사과를 좋아한다.
노래를부른다. → 노래를 부른다.
배가고프다. → 배가 고프다.

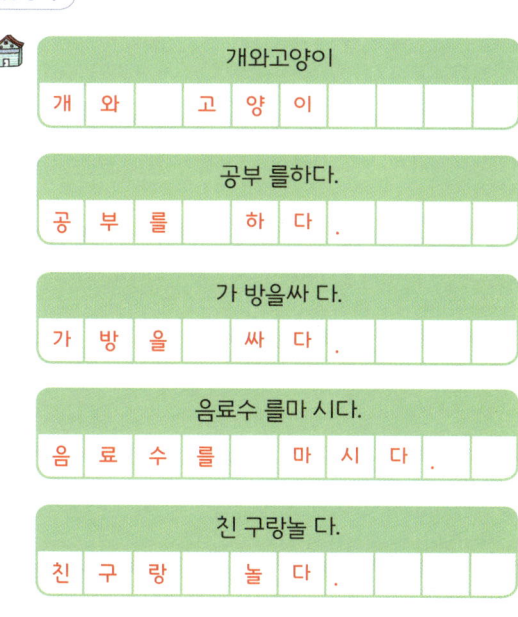

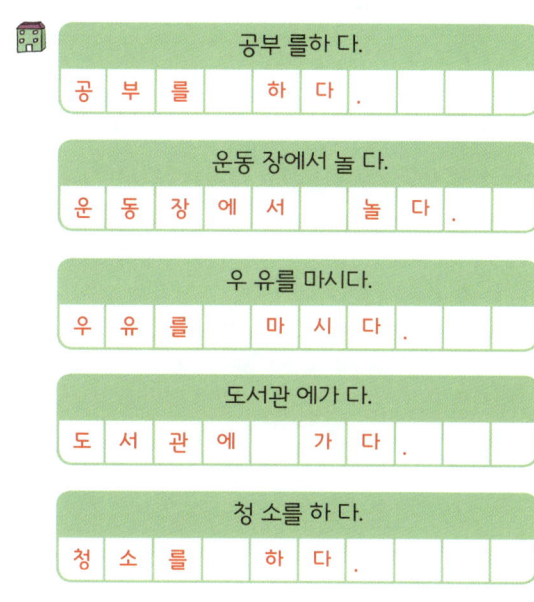

227

## 198쪽~199쪽

운동 장 에 서놀다.
→ 운동장에서 놀다.

눈사 람을 만 들다.
→ 눈사람을 만들다.

친 구들 을 만나 다.
→ 친구들을 만나다.

시험 을보 다.
→ 시험을 보다.

학교에서V집까지V뛰었다.
→ 학교에서 집까지 뛰었다.

동생이V새근새근V자요.
→ 동생이 새근새근 자요.

붕어빵에는V붕어가V없다.
→ 붕어빵에는 붕어가 없다.

밥과V반찬을V골고루V먹어요.
→ 밥과 반찬을 골고루 먹어요.

바람이V살랑살랑V불어요.
→ 바람이 살랑살랑 불어요.

깜짝V놀라서V벌떡V일어나다.
→ 깜짝 놀라서 벌떡 일어나다.

## 200쪽~201쪽

집 안엔 아무도 없고 토끼만 혼자 남아 집을보고있어요.
→ 집을 보고 있어요.

토끼는슬그머니문을열고……
→ 토끼는 슬그머니 문을 열고…….

냉장고문을열고 뭐 먹을 게 없나 살펴보네요.
→ 냉장고 문을 열고

지금토끼는맛있는밤참을 먹고 있어요.
→ 지금 토끼는 맛있는 밤참을

식구들이집에돌아와서 이렇게말하겠죠.
→ 집에 돌아와서 이렇게 말하겠죠.

## 202쪽~203쪽

꼬부랑지팡이를짚고
→ 꼬부랑 지팡이를 짚고

꼬부랑나무에올라가서
→ 꼬부랑 나무에 올라가서

꼬부랑똥을누니까
→ 꼬부랑 똥을 누니까

꼬부랑깽깽꼬부랑깽깽
→ 꼬부랑 깽깽 꼬부랑 깽깽

꼬부랑 깽깽 꼬부랑 깽깽 그러면서 달아났다그러대.

| 그 | 러 | 면 | 서 |   | 달 | 아 | 났 | 다 |
|---|---|---|---|---|---|---|---|---|
| 그 | 러 | 대 | . |   |   |   |   |   |

### 204쪽

척척 / 따라한다. / 로봇처럼 / 아이들은
아이들은∨로봇처럼∨척척∨따라한다.

연다. / 뒷문을 / 일어서서 / 조용히
조용히∨일어서서∨뒷문을∨연다.

시간이다. / 드디어 / 쉬는
드디어∨쉬는∨시간이다.

어떻게 / 가는 줄도 / 시간이 / 모른다.
시간이∨어떻게∨가는∨줄도∨모른다.

긴 막대기를 / 들고 있다. / 한쪽 손에
한쪽∨손에∨긴∨막대기를∨들고∨있다.

### 205쪽

내가 / 더럽다고? / 뭐야! / 똥이라고?
뭐야!∨내가∨똥이라고?∨더럽다고?

화가 나서 / 강아지똥이 / 물었어요. / 대들듯이
강아지똥이∨화가∨나서∨대들듯이∨물었어요.

정답게 / 흙덩이가 / 달래었어요. / 강아지똥을
흙덩이가∨정답게∨강아지똥을∨달래었어요.

가꾸고 / 곡식도 / 키웠지. / 채소도
곡식도∨가꾸고∨채소도∨키웠지.

흙이잖아? / 우리 밭 / 아니, 이건
아니,∨이건∨우리∨밭∨흙이잖아?

꽃봉오리를 / 올라가 / 맺었어요. / 줄기를 타고
줄기를∨타고∨올라가∨꽃봉오리를∨맺었어요.

### 206쪽

너무 굵어요. / 소리치고는 / 고양이
고양이∨소리치고는∨너무∨굵어요.

소린 게지. / 그럼 / 고양이
그럼∨고양이∨소린∨게지.

나가 봐요. / 어서 / 정신 차리고
어서∨정신∨차리고∨나가∨봐요.

자리에서 / 할아버지가 / 일어나
할아버지가∨자리에서∨일어나

바가지로군. / 음, / 틀림없는
음,∨틀림없는∨바가지로군.

할머니는 / 않네. / 속지를
할머니는∨속지를∨않네.

### 207쪽

살았어요. / 할아버지가 / 할머니와 / 외딴집에
할머니와∨할아버지가∨외딴집에∨살았어요.

아주머니가 / 물었어요. / 할아버지에게 / 지나가던
아주머니가∨지나가던∨할아버지에게∨물었어요.

텅 / 장터는 / 비어 / 버렸어요.
장터는∨텅∨비어∨버렸어요.

걸어갔어요. / 터벅터벅 / 할아버지는 / 집을 향해
할아버지는∨집을∨향해∨터벅터벅∨걸어갔어요.

알아차렸어요. / 겨우 / 그러다가
그러다가∨겨우∨알아차렸어요.

마주 / 할아버지는 / 앉았어요. / 농부 아저씨와
농부∨아저씨와∨할아버지는∨마주∨앉았어요.

229

### 208쪽

- 먹으려고 / 우성이가 / 아침을 / 합니다.
  우성이가∨아침을∨먹으려고∨합니다.

- 없어요. / 우유 대장 / 속에는 / 우유가
  우유∨대장∨속에는∨우유가∨없어요.

- 드네요. / 우유 값이 / 엄청
  우유∨값이∨엄청∨드네요.

- 예뻐졌어요. / 정말 / 손발톱이 / 코알라는 / 긴
  손발톱이∨긴∨코알라는∨정말∨예뻐졌어요.

- 경찰이 / 다행히 / 체포했거든요. / 마법사를
  다행히∨경찰이∨마법사를∨체포했거든요.

- 뚜껑을 / 열어 보았어요. / 슬쩍 / 은진이는
  은진이는∨뚜껑을∨슬쩍∨열어∨보았어요.

### 209쪽

- 구멍이 숭숭 뚫린 / 쓰고 다녔지요. / 모자를 / 교장 선생님은
  교장∨선생님은∨구멍이∨숭숭∨뚫린∨모자를∨쓰고∨다녔지요.

- 가던 / 땡땡이가 / 화장실을 / 길이었어요.
  땡땡이가∨화장실을∨가던∨길이었어요.

- 귀는 / 교장 선생님 / 귀다. / 당나귀
  교장∨선생님∨귀는∨당나귀∨귀다.

- 나왔어요. / 자기도 모르게 / 말이 / 입에서
  자기도∨모르게∨입에서∨말이∨나왔어요.

- 자꾸 / 큰 귀가 / 어른거렸어요. / 눈에
  큰∨귀가∨자꾸∨눈에∨어른거렸어요.

- 열고 / 밖으로 / 문을 / 나갔어요.
  문을∨열고∨밖으로∨나갔어요.

### 210쪽

- 그릇을 [ 그 르 슬 ]
- 말이 [ 마 리 ]
- 발을 [ 바 를 ]
- 앞을 [ 아 플 ]
- 사슴은 [ 사 스 믄 ]
- 먹으니 [ 머 그 니 ]
- 책은 [ 채 근 ]

- 책을 읽다 [ 채 글 ]
- 바닥으로 넘어졌다 [ 바 다 그 로 ]
- 색칠을 하다 [ 색 치 를 ]
- 시간이 지나다 [ 시 가 니 ]
- 동화책은 재미있다 [ 동 화 채 근 ]

### 211쪽

- 줄이 꼬물꼬물 움직였어요. [ 움 지 겨 써 요 ]
- 다시 도인으로 돌아왔어요. [ 도 라 와 써 요 ]
- 아이들에게 도술을 가르치고 있었어요. [ 이 써 써 요 ]
- 자꾸 앞으로 굴러갔어요. [ 굴 러 가 써 요 ]
- 도현이는 연신 고맙다고 말했어요. [ 말 해 써 요 ]
- 어두운 빛을 냈어요. [ 비 츨 ]
- 그만 바닥으로 떨어졌어요. [ 바 다 그 로 ]
- 수리수리 술술 밖으로 [ 바 끄 로 ]
- 청동거울 안에서 나올 수가 없었어요. [ 아 네 서 ]
- 할리라는 아이가 산속에서 놀았어요. [ 산 소 게 서 ]

**초등학생을 위한 맨 처음**
# 어휘 맞춤법 띄어쓰기

**1판 1쇄 발행일** 2017년 7월 24일
**1판 13쇄 발행일** 2023년 3월 20일

**지은이** 김영주
**그린이** 김소희

**발행인** 김학원
**발행처** 휴먼어린이
**출판등록** 제313-2006-000161호(2006년 7월 31일)
**주소** (03991) 서울시 마포구 동교로23길 76(연남동)
**전화** 02-335-4422 **팩스** 02-334-3427
**저자·독자 서비스** humanist@humanistbooks.com
**홈페이지** www.humanistbooks.com
**유튜브** youtube.com/user/humanistma **포스트** post.naver.com/hmcv
**페이스북** facebook.com/hmcv2001 **인스타그램** @human_kids

**기획** 정미영 **편집** 박민영 **디자인** 유주현 럼어소시에이션
**용지** 화인페이퍼 **인쇄** 삼조인쇄 **제본** 해피문화사

글 ⓒ 김영주, 2017

ISBN 978-89-6591-338-2 73700

- 이 책은 저작권법에 따라 보호받는 저작물이므로 무단 전재와 무단 복제를 금합니다.
- 이 책의 전부 또는 일부를 이용하려면 반드시 저작권자와 휴먼어린이 출판사의 동의를 받아야 합니다.
- **사용 연령 8세 이상** 종이에 베이거나 긁히지 않도록 조심하세요. 책 모서리가 날카로우니 던지거나 떨어뜨리지 마세요.